きのこ雲の下から、明日へ

斉藤　とも子

きのこ雲の下から、明日へ

はじめに

二〇〇五年夏、被爆から六十年を迎えた日本。

ゆったりと、六つの川が流れる、広島。

世界の船が行き交う港、長崎。

すっかり復興したかに見える街。

その街で、いまも、原爆を背負いながら、ひっそりと暮す人がいます。


一九四五年八月六日広島、九日長崎に投下された原子爆弾。

夥しい死者とともに、たくさんの新しい生命が、誕生前に消えていきました。この世に生を享けたのは、幸運ないのち。でも、そのいのちさえ、傷つけられた子どもたちがいました。

原爆小頭症。もっとも若い被爆者です。

両手にすっぽり入ってしまうほど小さく生まれ、成長は遅く、知的障害を伴っていました。

原爆放射線は、母親の胎内まで貫いていたのです。

この事実は二十年間伏せられ、親御さんたちは「自分だけの苦しみ」と思い込み、人目を忍ぶように暮していました。

一九六五年六月、作家・山代巴さんらの「広島研究の会」が九名の原爆小頭児をみつけだし、同じ痛みを持つ親子が、初めて集いました。

「きのこ会」の誕生です。

「きのこ雲の下に生まれた子どもたち。たとえそうであっても、落ち葉を押しのける『きのこ』のように、すくすくと逞しく育ってほしい……」

親の願いを込めた「きのこ会」は、ともに手をとって歩きはじめました。

一九九九年の春、私は東洋大学社会学部社会福祉学科に入学しました。

いつも、漠然と感じていた不安。地に足のついていない、自分。

十五歳で芸能界に入った私は、通るべき大切な道、大切な時間を素通りしてしまったのかもしれません。いったい私は、何処から来て、何処に行こうとしているのか……。

失った時間は取り戻せない。でも、もう一度学んでみたい。思い立った私は、大検を経て三浪の末、三十八歳にして大学への切符を手に入れたのです。

そして、ほぼ同時に舞い込んだ、もう一枚の切符。

『父と暮せば』（井上ひさし先生作、こまつ座）の、被爆した娘・美津江役。自分の生き方に迫ってくるような戯曲でした。

入学式を間近に控えた春休み、私は広島へと向かいました。といっても、被爆者の方にお話を聴く準備はしていません。資料館に入ることも躊躇していました。救いようのない現実を突きつけられたら、被爆した娘を演じる勇気など吹き飛んでしまいそうで、怖かったのです。

美津江の生まれ育った街を歩いてみたい。同じ空気を吸いたい。広島のことばを肌で感じたい。そして、比治山の風に吹かれたい……。それが最初の目的でした。

ところが、ぶらっと入ったお好み焼き屋さんで、思いがけず、被爆した女性に出会います。四歳で被爆した梶山敏子さん、十八歳で被爆した山崎ヒサコさん、被爆二世の平井容子さん。突然目の前に現れた人たちの、明るさ、逞しさ、優しさ……。私は、これまで勝手に描いていた「被爆者」のイメージを、訂正しなければなりませんでした。そして、その魅力に吸い寄せられるように広島に通い始め、美津江も三年間演じることができました。

大学と広島。二つの旅は重なって、卒業論文「被爆、そして生きる～被爆を乗り越えた女性たちの生活史～」が生まれました。

二〇〇三年春、大学院に進んだ私は、同じゼミの先輩に村上須賀子さんを紹介されました。医療ソーシャルワーカーとして、広島で被爆者の相談活動を三十年続け、現在は宇部フロンティア大学の教授をされています。

そして手渡された、一冊の青い本。二羽の折鶴が向かい合う『ヒロシマから、ヒロシマへ』。そこには、きのこ会を設立当初から支援し続けた故人・大牟田稔さんの想いが綴られていました。「こんなことがあっていいのか」という憤り。でもそれ以上に惹きつけられた、登場する人たちの、心を洗われるような清々しさ。

なにか、大切なことを教えられそうな予感がありました。

「もっと、近づきたい……」

いわれない偏見や差別に傷つけられたこともあって、きのこ会の方にお会いするのは容易ではありませんでした。村上さんのご尽力と、私の想いを伝えていくことで、やっと、何人かの方たちにお会いすることができました。

原爆に夫を奪われ、自らも原爆症と闘いながら、日雇い労働で子どもを育て上げた母親。原爆への恨みを口にすることもなく、死の直前まで、「この子が路頭に迷わないように」と働き続けた父、母。

きのこ会の人びとは、どんな逆境のなかにあっても、懸命に、その日その日を生きていました。美しく、力強い人たち。それなのに、ほとんどの方が、我が子にさえも、その道のりと秘めた想いを語り継いでいませんでした。語れなかったのです。

ほとんどの親御さんは亡くなり、原爆小頭症の方々も、まもなく六十歳。設立当初からの支援者も高齢になりました。

このままでは、この人たちのことが消えてしまう。こういう人が、確かに生きていたということを、遺しておきたい。

抑えようのないものが湧きあがりました。


この本は、修士論文をもとに、きのこ会の四十年間の歩みと、家族の生活史を書いています。私はきのこ会に出会ってまだ二年。ですから、会の歩みについては、会報、家族の手記、支援者の記録などを繋ぎ合わせたような形になっています。

生活史の聴きとり（第七章、第八章）は、二〇〇四年の夏、手記を遺さなかった家族のうち、親亡き後を姉妹が継いだ二家族にお願いしました。原爆小頭症の問題は、その親子だけでなく家族全体を巻き込むと考えたからです。

きのこ会の家族については、プライバシーに深くかかわるため、特別に許可を得た方以外はすべて仮名です。敬称は略させて戴きました。

また、障害を表す用語で、現在では使用されない不適切なもの、制度改正により呼称の変更されたものもありますが、記録された時代を表すものとして、基本的には書き換えませんでした。

もし、再び核兵器が使用されたら、必ず同じことが繰り返されます。

誰よりも、核兵器の恐ろしさを知っているきのこ会の人たちは、「世界中の誰ひとり、二度と同じ苦しみが繰り返されないように」闘い続け、語ってくださいました。

もっとも守られるべきお母さんのお腹のなかで、息づいたばかりの生命が受けた傷。それは、次世代を揺るがす「未来への啓示」でもあります。

どうか耳を傾けてください。一緒に考えてください。そして、みつけてください、いのちの輝きを。

もくじ

装幀／小寺剛（リンドバーグ）
本文デザイン／田中淳子

第一章

もっとも若い被爆者たち

原爆小頭症と「きのこ会」

原爆小頭症とは、母親の胎内で被爆したために、知的障害と発育障害を伴った原爆後障害。脳が作られる妊娠早期（二～四か月）の、近距離被爆に多くみられた。

障害は、放射線照射量に比例して重い傾向があり、一九六七年、最初に原爆症の認定を受けた六名は、すべて、爆心地から一・二キロメートル以内で胎内被爆していた。

特徴としては、出生時から頭囲が小さい。身長、体重などの身体的発育とともに、知的な発育に遅れがみられる。貧血、てんかん、行動障害、斜視、骨の変形や欠損、骨腫瘍、皮膚腫瘍なども多く、病気にかかりやすい。最大の問題といわれるのは、知的障害による社会適応の難しさだが、病状については、一人ひとりさまざまで、決して、ひとまとめに語れるものではない。

二〇〇五年五月現在、厚生労働省が「近距離早期胎内被爆症候群（原爆小頭症の認定疾患名）」として認定しているのは二十三名。

きのこ会は、被爆から二十年後の一九六五年六月に発足した原爆小頭児の親子の会。発足を呼びかけた秋信利彦（当時・中国放送）、文沢隆一（作家）、大牟田稔（当時・中国新聞社）らが支援者として会を支えた。

発足から一年で、会員は六家族から十六家族に増加。最大では二十三家族になった。その後、死去による退会、新認定による入会などを経て、二〇〇五年八月現在の会員は十八家族。認定数二十三名からみると入会の確率は極めて高いが、原爆小頭症本人もまもなく六十歳を迎え、年々、活動に参加するのが困難な状態となっている。

きのこ会は当事者主体の会。親たちが、目標を「原爆症認定」「終身保障」「核廃絶」と定め、スタートした。詳しくは後述する。

一九七七年八月には、十二家族が手記を寄せて『原爆が遺した子ら』（渓水社）を出版。会報は、一九六六年六月〜一九八〇年夏までの十五年間に十二冊発行された。

一九八〇年以降、会員の高齢化や死去によって活動は弱まっていくが、一九八三年に医療ソーシャルワーカーが参加したことで、新しい流れが起きる。一九九六年には「きのこ会を支える会」が発足。相談活動を行ったり、誕生会を開いたりして、会員との交流をはかっている。

わずか六家族からはじまったきのこ会が、四十年も続いてきたのは、特筆すべきと思われる。しかも親たちは、戦地などで被爆を逃れた数名の父親以外、すべてが近距離での被爆者。肉体的にも経済的にも困難な状況のなかで、なぜここまで会が維持できたのか。

そこには、補償を求める気持ち以上に、人と人との出会いと、かかわりのなかで、育まれたなにかがあったのだと思われる。その点に着目しながら、きのこ会の歩みを振り返ってみたい。

きのこ会の仲間たち

会報や手記などの資料をもとに、発足当初の会員構成と横顔をみていきたい。

発足時、小頭児は十九歳。保護者の平均年齢は五十代。母親のみが七名。父親のみが二名。叔母のみが一名。両親生存は六名であるが、これには病床の親も含まれる。

小頭児全員に知的障害があり、自立の困難度は重度八名、中度七名、軽度一名と診断された。十九歳当時の身長は一三〇～一七〇センチ、体重二八～五七キロ、頭囲四六～五一センチと個人差が大きい。

母親はすべて、爆心地から七〇〇～一八〇〇メートルで被爆。一〇〇〇メートル以内も七名。どの母親にも、被爆直後から脱毛、紫斑、発熱、吐き気などの急性放射能症状がみられた。

○温子
被爆胎齢二か月。被爆距離九一〇メートル。父は被爆死。

身長一三八センチ。虚弱で言語障害があるが、なんとか会話はできる。日に数回てんかん性発作を起こす。

母は、長く失業対策事業*1（以下「失対」）に出ていたが、数年前から掃除婦をしている。朝六時には、温子の枕元に薬と朝食を用意。昼の弁当も置いて出かける。温子は、朝食をとって薬を飲むと、近くの叔母の家に行く。一日中外をぶらぶらするのが好き。「身なりだけはちゃんとするように」と母は願うが、発作の後、服を脱いでしまう癖は治らない。近所に町工場が多く、ゴムを鋏で切る内職を手伝ったこともある。小学校は二年遅れで、ひらがなを覚えるのが精一杯だった。

母は、木造家屋内で被爆。火に追われ、水槽に数時間つかって凌いだ。三十三歳で温子を出産。生後まもなくから、全身に膿をもった小豆色の斑点がでた。

「この子が、わたしのバクダン症をみんな持って出てくれたような気がして、よけいふびんで……」と母は語り、きのこ会の会合には必ず出席する。非常に熱心で、温子の兄姉には反対されるが、マスコミにも協力的。

母自身、病弱でいつ倒れるかわからない。温子の施設入所を希望しているが、発作があるため断られる。親子ともに入れる施設を切望している。

○佳一

被爆胎齢四か月、被爆距離八六〇メートル。父母とも被爆し、脱毛一〇〇パーセント。死線をさまよう。母は右手にひどい化膿症を負い、七回の手術を繰り返した。

母タメの郷里・宮崎に戻り、佳一を出産。三十五歳の初産。ひとりっ子。五十五歳の父は、孫のようにかわいがった。

一度は父の里・広島に帰り洋服店を開業したが、うまくいかず、宮崎の土地柄と人情にひかれ、ふたたび戻る。鳥がさえずり、鯉が泳ぐ、山と川に囲まれた南国の地で、佳一は伸びやかに育った。

素直で明るく、人なつっこい。小柄（身長一四二センチ）で、やや甲高い声の方言が無垢な印象を与える。いつもニコニコして、和やかな雰囲気が漂う。近くの川で釣りをするのが好き。歌謡曲も好き。慢性化した腎臓障害と高血圧症状がある。

父は行商からはじめ、小間物店を開店させた。店番を佳一がすることもある。読み書きやお金の計算はできないが、客が来ると「お客さ～ん」と叫んで、母の許に駆け込む。

小学校は一年遅れで入学。まったくついていけず、座っているだけの状態だった。父は、「知恵遅れの子供の教育をなんとかしてもらいたい」と、教育委員会、学校、知的障害児の家庭を駆け回り、四年生のとき特殊学級が設立される。中学校も、父の陳情で特殊学級ができ、二年遅れで入学し、卒業。

一九六三年夏、原爆の後遺症で父が死亡。「今まで主人に支えられてきた」母は、「目の前が真っ暗になる」。追い討ちをかけるように、隣家からの出火で店を全焼。母は、月の半分は床につくほどの原爆後障害を抱えながら、火災保険と公庫からの借金で小さな店を再興する。手芸材料、ボタンなどを扱いながら、佳一のものも自分で編んだ。

「生死の境を越えて生き抜いてきたことによって、人さまの情けが何より身にしみ、（略）同じ苦しみにあえぐかたには少しでも力になってあげたい」と、夫から引き継いだ民生委員のほか、知的障害者の「手をつなぐ親の会」、宮崎県「原爆被害者の会」などに足を運ぶ。

「私の居なくなったあとを考えると、夜も眠れません」と綴る母は、きのこ会の会合には、一日がかりで汽車を乗り継いで、広島まで通う。佳一もきのこ会の集いを楽しみにして、毎回、喜んでついてくる。東京の厚生省（当時）への陳情にも親子で出向くほど熱心。

○幸子

被爆胎齢四か月。被爆距離一七五〇メートル。父は防空隊で被爆死。

身長一四二センチ、体重二八キロ。とても細い。虚弱で言語障害がある。か細い声で話し、いつも母に寄り添うようについている。花と小鳥が好き。

被爆時五人の子どもがいた母は、身重の身体で家も焼け出された。兄姉は独立し、幸子と母の二人暮し。母は体が弱って働けないので、遺族年金と兄たちの収入に頼る。

小学校は三年遅れで入学。なんとか卒業するが、読み書きは困難。なにもできないと思われていたが、広島大学病院に検査入院したときには、看護師に編み物を習って編めるようになった。

幼い頃から、雷鳴や稲妻に遭うと激しく脅える。原爆の閃光を胎内で感じたからではないかと母は考えている。幸子が釣銭をごまかされたり、いじめられたりと悔しい経験をもつ母は、幸子のこれからの生活が安定するように、きのこ会と頑張っていこうとしている。

○晴樹

被爆胎齢三か月。被爆距離一一八〇メートル。父母ともに被爆。

明るく、人なつっこく、天衣無縫。誰とでも一応の話ができる。野球と相撲が好き。得意になって選手や力士のことを話す。子どもと遊ぶのも大好きで、近所の子どもからも慕われている。

生まれたとき、「両手のなかにすっぽり入る猫の子みたいに」小さく、産声もあげなかった。七歳のとき、ＡＢＣＣ（原爆傷害調査委員会）に、「よく生きて三、四年」といわれる。

小学校は一年遅れで入学するが、鼻血がひどく、四年生まではほとんど休学。なんとか卒業したものの、中学は未就学。寒がりで、夏でも日陰より日向を好む。

父は戦後、果物の行商からはじめたが、一九六〇年に原爆の後遺症で死亡。死ぬまで晴樹のことを心配し続けた。

母は晴樹の世話をしながら、ひっそりと暮す。世間を避けているような感じが強くある。

○正昭

被爆胎齢六か月。被爆距離九二〇メートル。父は被爆死。

外見からは障害を感じさせない。ＡＢＣＣに小頭症として七、八歳からマークされ、ミラー論文に記載されてわかる。身体の発育とともに頭囲は回復したが、知的障害は残る。

小中学校を卒業後、きのこ会で最初に授産施設に入所。三年間の職業訓練を経て、住み込みで商店に勤めるまでになる。

非常に明るく、指導能力もある。施設でもリーダー的存在だった。

慢性腎炎が心配されるが、将来自立の見込みもある。

母は再婚して、呉服商を営む。きのこ会へは一度も出席していない。

正昭はとても母想いで、遠慮している様子が、いじらしく支援者の目に映る。

○陽子　第七章で詳述

○浩二　第八章で詳述

○信子

被爆胎齢二か月。被爆距離一〇九〇メートル。身長一三一センチ。頭囲四六・九センチ。瀬戸内海の小さな島に、父とふたりで住んでいる。

底抜けに明るい。身長も頭囲も、もっとも小さいひとり。小中学校とも二年遅れで入学し卒業。言語は明瞭で、簡単な読み書きもできる。少女マンガを読んだり、近所の子どもと遊んだりして過ごす。遊びのルールはわからない。

母と兄が被爆。家の下敷きになった。父と二人の姉は島にいて免れる。助けに来た父に連れられ、四日後、島に戻った。母の症状は悪化し、八月末から九月下旬まで四〇〜四一度の高熱が続く。「喉が潰れて」、飲むことも食べることもできない。肉の腐ったような塊が出て、「喉が溶け出た」と思った。翌年三月、なんとか出産。だが信子には、右足の親指がなかった。

オシメを換えるとき気づいた母は、「ザクッときて、ぶるぶる震えがとまらなかった」。

「いっそ、ひと思いに殺してしまおうか」と思うこともあったが、「ひきつけを起こして紫色になった時には、裸足で病院に駆け込んでいた」。揺れる想いと闘いながら、信子を育てる。島では仕事がなく借金がかさみ、生活は一家心中を考えるほど切羽詰った。被爆を免れた島では、原爆に対する理解も薄い。「被爆者がピカの子を生む」という噂も流れ、母は、被爆を免れた娘たちへの影響を恐れた。信子が四歳のとき、母は姉二人を連れ、親戚を頼って山梨県に移住。職を探し、信子たちに仕送りをした。被爆した兄は残されたが、中学卒業と同時に黙って島を出た。以来、信子はずっと、父とふたりで暮している。

父は日雇い労働。信子に炊事や洗濯、身の回りのことを教えた。満足にはできないので、昼食時には心配で家に戻る。ますます定職にはつけない。片付けの苦手な信子は、いつも部屋を散らかし、父に叱られる。授産施設で適性を伸ばすことが可能と思われるが、父は手放せない。「わしより、早う死んでくれた方がいい、思います……」と言いながら、信子のことが生きる支え。信子も父を信頼しきって、自由奔放。

きのこ会発足の翌年から、中国放送の松永英美が取材をはじめ、後に平尾直政も加わり、支援を続けながら映像記録を撮り続けている。

○由美江

被爆胎齢三か月。被爆距離一一二〇メートル。

知的障害がもっとも軽い。手記も唯一、自分で書いている。

生まれつき股関節脱臼があり、「いっそ、もいでしまいたい」痛みに悩まされる。小中学校とも卒業。身体障害者職業訓練所で理髪技術を習得し、理髪店に住み込みで働くが、トラブルが重なりやめてしまう。

父は被爆後すっかり体調を崩し、入退院を繰り返している。一九五六年、妹が急死したのをきっかけに、酒を飲んで暴れるようになる。数年後、母は家を出て再婚。父は失対労務者として、日々の糧を得るのが精一杯になってしまった。

由美江は、父にお酒を買って行くなど、優しい心遣いがある。将来の可能性があっただけに、周囲からは心配されている。

○良夫

被爆胎齢三か月。被爆距離一六〇〇メートル。父は被爆死。

身長一七〇センチ。体格もよく、一見立派な青年。ABCCのミラー論文に記載されて、小頭症とわかる。読み書きは少しできるが、小学校のみの卒業。

母は出産後まもなく、良夫をおいて実家に帰る。良夫は、大阪に住む父方の祖母に大切に育てられた。十歳の頃、祖母が亡くなり、叔母（父の妹）が自分の子と一緒に育てる。

祖母は「良夫を頼む、良夫を頼む」「あの子に罪はないのだから」と、昏睡状態のなかで叔母に繰り返した。その声が、叔母の耳に今も聴こえる。

叔母は、言語のはっきりしない良夫の甲高い声、からだに似合わぬ話の内容に戸惑い、「おばちゃんと約束してくれる? 電車に乗っても、だまっていると約束してくれる?」と指切りさせたこともあった。最近では、家の手伝いもするようになり、皆に好かれて明るく育っている。

○秋枝

被爆胎齢三か月。被爆距離七二五メートル。

母が二十五歳のとき初産で生まれる。ひとりっ子。非常にかわいがられて育つ。人なつっこく、よく笑う笑顔があどけない。

虚弱で、小学校は二年遅れで入学するが、四年生で中退。言語障害があり、少ない語彙の単語を並べて話す。着替えもできないと思われていたが、広島大学病院への検査入院中、規則的な生活に順応していった。洗濯、着替えなどもできる見込みがある。

母は急性放射能症状がひどく、脱毛一〇〇パーセント。子どももできなくなった。父は海田市の消防署に勤めていたが、救援のため入市被爆。

戦後、母の郷里・宇部市に移住。セメント瓦工場で父母とも働く。秋枝はひとりで留守番。人なつっこいので、近所の人にもかわいがられた。

きのこ会発足の翌年から、父が肝臓障害で半年間入院。退院と同時に母が倒れ、長期入院となる。秋枝は情緒不安から、夜のネオンや自動車のライト、蛾などに怯え、ホウキで窓ガラスや電球を叩き壊すようになった。昼間も押入れの中や風呂場に隠れ、なにかを怖れている。秋枝を溺愛する父も手に負えず、心身の状態が限界を迎えている。

父母とも原爆症としか考えられない症状。医師に勧められ、認定申請を繰り返すがいつも却下される。親子の結びつきが強いのに、原爆によって家庭崩壊寸前。広島から離れているので、きのこ会としても充分な手助けができず、苦慮している。

○**誠治**

被爆胎齢三か月。被爆距離九五〇メートル。母は三十六歳で六人目の出産。

小中学校の特殊学級を卒業後、理解ある社長に恵まれ、同じ鉄工所で働いている。仕事の適応性には欠けるので、雑役をする。一徹な青年。給料はすべて母に渡し、一日十円の小遣いをもらう。

小さい頃からＡＢＣＣを大変嫌う。理由は「血を抜くから」。中学では、窓から飛び出して学校中を逃げ回った。ＡＢＣＣは鉄工所にも来た。社長が行かせようとしたので、「工場に火をつけてやる」と暴れたこともある。広島大学病院の診察も拒み、診断できなかった。

父は石工。すでに独立した兄と姉がいる。妹は就学中。

母は戦前は裁縫の先生。戦後は山あいに移住し、仕立物の内職を続ける。木造家屋内で被爆し、脱毛七〇パーセント。一か月間の放射能症状にみまわれた。妊娠中、胎児の心音が聞こえず、医者からも「多分死んでいる」と言われ、死産を覚悟した。

世話好きな母は、裁縫が忙しくても、裏の畑に野菜を作り、みんなに配る。近所の人からも「気持ちのええ人」と慕われる。疲れることを知らない、肩が凝った覚えもないという努力家。「この子のために生きなければ」という張り合いが生き甲斐。誠治がいなければ、「これだけ励まん、縫わん」と言う。

きのこ会の親からの信頼も厚く、「まとめ役で、一番頼りになる人」。発足時から副会長を務めた。誠治の障害が原爆のせいと感じていたので、「原水爆禁止のためなら、母子でラジオやテレビに出てもいい」と積極的。

○明

被爆胎齢七か月。被爆距離一一五〇メートル。父母ともに失対に出ている。

小学校のみの卒業。塗装の雑役をしている。従順でよく働く。人柄を気に入られ、塗装店が倒産したときも、親方が明だけは離さなかった。出張で親方と一か月以上暮すこともある。炊事もなかなか上手。仕事内容が鉄道信号機のペンキ塗りなど、危険を伴うのが心配。重労働で足首の骨腫瘤が痛み、入院したこともある。

母は被爆後、放射能症状に苦しみ、脱毛一〇〇パーセント。三十三歳で三度目の出産。双生児だった。明は紫色の顔色で生まれ、もう一児は、出産と同時に亡くなった。

読み書きは困難だが、言語障害はない。映画と魚釣りが好き。相手次第では、結婚生活も考えられる。

○京子

被爆胎齢三か月。被爆距離一二八〇メートル。身長一三一センチ。もっとも背の低いひとり。母は四十五歳で三度目の出産。四歳頃から、肺炎、はしか、丹毒など病気の連続だった。ダウン症もある。

一年遅れで小学校に入学。ひとり別行動をとり、放置された。参観に行っても、着席していることはほとんどなく、雨に濡れながらブランコ遊びをしていることもあった。担任の先生から、「これ以上の面倒は見切れない」と言われ、一学期だけで退学する。

近所の子どもの世話をするのが大好き。子守やオムツの洗濯など、完全ではないが喜んでする。

父母が老齢で、世帯が兄夫婦の代となり、将来を考えて授産施設への入所となった。母は日々、娘の行く末を案じているが、耳が遠くなり、家の中に引き籠りがち。

幸い、義姉が積極的にきのこ会に参加し、京子の面倒をよくみている。両親亡き後を、終身保障してくれる施設を希望している。

○清

被爆胎齢三か月。被爆距離九〇〇メートル。身長一四六・五センチ、体重三二キロ。頭囲のもっとも小さいひとり（四六・九センチ）。

小学校は一年遅れで入学し、中学校の特殊学級を卒業。施設で二年間生活訓練を受け、木工所に就職した。身につけた社会性がかえって問題になる面もあるが、気は優しい。

足が強く、球技が得意。野球と映画と歌謡曲が好き。ジュークボックスにも出かけていく。舟木一夫の大ファン。弟と妹がいる。

母は美容師で、仕事中に被爆。脱毛、紫斑、熱、吐き気、下痢、歯茎の出血と激しい急性放射能症状に約一か月みまわれた。

戦後、焼け跡から鉄製の釜をかき集め、道路下の倉庫を改造して営業を開始。脱毛した客が押し寄せ、わずかに残った髪の毛を、少しでも多く見せようとパーマを希望した。パーマのかけようもない髪を、「なんとかしてあげねばと、引っぱり引っぱりしてかけてあげるが、悲しい悲しい気がしてたまらなかった」。

清は、仕事中、八か月の早産で生まれる。客が呼んでくれた産婆は、あまりの小ささに声をのんだ。「顔は頭も含めて小さなコーヒーカップの大きさと同じくらい」。

その後も、客に助けられて育つ。言葉は遅かったが、足はしっかりしていた。

母はＡＢＣＣに対して、激しい怒りをもつ。清は、幼い頃から何度も検査に連れて行かれた。

「大きな見慣れぬ機械がいっぱい並んでいて、大人のわたしでも胸がドキドキする　（略）小さな清は、機械と機械の間にまるで埋まってしまったみたいだった」。

「偉い先生に診てもらえば何かわかるかもしれない」という母の期待は砕かれ、治療はされなかった。原爆によるものとも認められず、「強度の母体の栄養失調が原因。お気の毒とは思うがこれも親子のになう十字架……」と診断を下される。後日、使いの人に、物乞いを扱うように千円を渡された屈辱。

それにもかかわらず、ある日四人の男が店に来た。

「被爆児童に知能低下がみられるようなので成績表をみたい　（略）　父兄の印鑑がいるとのことなので、これに判子を……」

母は「からだ中の血が逆流し」、「からだを支えるために長椅子をつかんだ手がふるえた」。

それならなぜ、最初から「まだ原因がはっきりしないので協力してくれ」と言わないのか。そうであれば、「生涯でも親子でも協力」した。なぜ「栄養失調」「十字架」などと言うのか。「母と子のながす涙がどんなものか」少しでも理解しようとしたか。その理不尽さに耐えられなかった。最後に母は言い切った。

「親子が比治山の下でのたれ死にしても、あなた方のお世話にはなりたくありません、帰って下さい」

店の客も泣いた。この事件をきっかけに、母は清のことでは「すっかり喧嘩師」になってしまった。「今のような社会で、不具の子をかかえて生きて行くためには、誰も喧嘩師にならざるを得ない　（略）　淋しいことだが、喧嘩師になってでも、がむしゃらに権利を主張しながら生きていくことこそ子どもの幸福につながる」と考えるようになる。

清への想いは、他の会員の子どもたちへも向けられる。人間らしく生きる権利を侵害するものには、どんな権力であろうとも、明確に反対の意志を示した。どの子のことも、我が子のように気遣い、走り回る。誰よりも、一人ひとりの事情に詳しい。子どもたちの終身保障を求める気持ちも強く、きのこ会の中心人物。発足時より副会長と会計を兼任した。

しかし清は、きのこ会がマスコミに取り上げられ、職場の話題になったことをひどく気にして、木工所をやめてしまう。転々と浮浪し、ひとりで東京に出たこともあった。

その後、水道配管工の父の職場で、どうにか勤めるようになったが、家族は、いつやめてしまうかと、はらはらしている。きのこ会の集いにも参加しない。母が会の仕事をすることも嫌っている。

○百合子

被爆胎齢三か月。被爆距離七三〇メートル。身長一三三・九センチ。

山口県岩国市在住。基地のすぐ傍に暮す。会の中でもっとも障害が重い。ときおり目を細め、にいと笑う笑顔が印象的。思わずつられて頬がゆるむ。雑誌のグラビアや時代劇を見るのが好き。幼い子どもや犬にも強い関心を示す。飼っていたスピッツを、とてもかわいがった。強度の股関節脱臼があり、ひとりで歩くのも容易ではない。排泄にも介助が必要。未就学で、言語障害も強いが、家族とのコミュニケーションはとれている。姉と二人の妹がいる。

百合子の障害が重く、傍を離れることができないので、両親は自宅で理髪店を営んでいる。原爆で家を焼け出され、土地を転々とした末、ようやくはじめた仕事だが、思うようにはいかなかった。知人の保証人になって被害を受けたことも重なり、生活は厳しい。しかし、家族の絆は固い。

きのこ会のなかで、もっとも早くから世に訴えた家族でもある。

百合子の障害には四歳頃から気づいていたが、原因がわからなかった。十一歳のとき、亀井文夫監督の記録映画「世界は恐怖する」（一九五七年）の取材を受け、初めて、原爆が原因と知る。

以後両親は、第五回原水禁世界大会（一九五九年）で、百合子を連れて証言するなど、一貫して、国の補償と核兵器廃絶を求め続けてきた。一九六一年、父は岩国米軍基地の航空司令官に嘆願書を出す。進展はなかった。

自分と同じような仲間がいることは、きのこ会で初めて知った。岩国という離れた地に住みながら、会の活動にはきわめて積極的。父・国三は、発足時から会長を務める。

核廃絶のためには、世に広く訴えなければならないという意志を固くもち、そのためには、「哀しいけれども、この子にできるのは、これしかない」と、百合子とともにマスコミの前に立つ。

戦後二十年、放置された小頭児たち

きのこ会誕生の背景について、設立時からの支援者・秋信利彦は「山代巴さんの存在抜きには考えられない」と言う。

二〇〇四年十一月、九十二歳で他界した山代巴は、広島県生まれの女性作家。農村女性の意識革命と民主運動の担い手だった。戦時中は、反戦運動により治安維持法違反で検挙されたこともあるが、人権尊重と民主主義の思想は、戦前、戦中、戦後と、一貫して揺らぐことがなかった。

一九六五年、その山代をはじめとして「広島研究の会」が発足。

被爆者組織の分裂とは関係なく、被爆から二十年の広島を明らかにしようと、丹念な取材と研究を重ね、八編からなる『この世界の片隅で』（岩波新書）を出版。そのなかに、胎内被爆児を取り上げた「IN UTERO」があった。

執筆者・秋信は、ある胎内被爆女性が成人式直後に自殺した死因を調べる過程で、胎内被爆小頭症の問題を知る。秋信は中国放送の記者だったが、この問題には個人としてかかわるため、風早晃治というペンネームを用いた。

秋信はまず、原爆傷害、とくに放射線照射の影響について長期間調査研究しているＡＢＣＣ

を訪ねた。

「胎内被爆児と非被爆児との有意の差はない」という論調に終始していたが、疑いを消せず、独自に医学資料の収集をはじめる。ＡＢＣＣや広島大学の胎内被爆児に関する論文を追跡していくと、小頭症の問題が浮かび上がった。原爆の放射線が原因であることも、ほぼ明らかだった。にもかかわらず放置し続けた理由を問うと、ＡＢＣＣは説明した。「小頭児の問題は、すでに起こったことであり、これから新たに発現するとか、いま発現しているということではないのだから、今さらこの問題を取り上げて被爆者に無用な心理的負担をかけるに忍びない」。

しかし秋信は引き下がらなかった。「胎内被爆による小頭児たちが、二十年目を迎えようとしている広島、長崎のどこかに生きているとしたら、そしてこれからも生きなければならないとしたら、過去のことで、今はもう問題はないのだとかたづけてしまうことはできない。まして、小頭児の存在をＡＥＣ（米政府原子力委員会）が認めた現在、その救済こそ急がれなければならない」と決意、さらに調査に乗り出す。だが、その調査は困難を極めた。

ＡＢＣＣが発表している小頭児の氏名は、広島市の原爆被害対策課＊[2]（以下「原対課」）でもわからなかった。係官も何も知らない。調査協力を係長、課長、衛生局長と一巡して断られた。

秋信は、伏字だらけの広島大学の資料を片手に、精神薄弱者施設（当時）、県福祉センター、市福祉事務所、中学校の特殊学級と、片っ端から訪ね歩く。ついに、九名の子どもの住所氏名を突きとめた。

九名の小頭児は母子家庭が多く、ほとんどが生活に困窮していた。母たちは、弱った身体に鞭打って、失対などの不安定な仕事に従事。どの親も、子どもの障害を「自分だけの苦しみ」と受けとめ、何の援護もないなかでひっそりと暮していた。子どもを隠して、目に触れさせない母親もあった。

さらに小頭症は、一九五七年に施行された原爆医療法の対象からも外されていた。病気ではあっても、治療法がないという理由である。どの親子も、ＡＢＣＣの調査には協力させられたが、治療は施されず、原爆との因果関係も認めてもらえなかった。

母たちは自らを責め、親戚や社会から孤立してしまう家庭もあった。

取材を終えた秋信に、ある母親が静かに問いかけた。

「あなた方は本を出してしまえば、それで終わりでしょう。しかし、わたしたち親子は、これからは世間の目にさらされて生き続けなければならないのです。その責任はどうしてくれるんですか」

この問いは、秋信の胸に厳しく迫った。取材が終われば、それ以上は深く立ち入らないのが常。だが秋信は、確信もないままに、思わず頷いていた。

会に持ち帰ると、山代巴が即答した。

「まず集まることよ」

この山代の一言によって、親たちが初めて、ともに集うことになる。

秋信ひとりで、この取材に対する責任を負うことは不可能だった。原爆スラムの問題を執筆し、胎内被爆児のルポにも協力した作家・文沢隆一が参加し、続いて、沖縄の被爆者問題を執筆した中国新聞記者・大牟田稔が加わることになった。

一九六五年六月二十七日。梅雨の雨も上がり、初夏のような陽射しに、あじさいが揺れていた。小頭児六名の親子が、広島市内の県婦人会館に集まった。「広島研究の会」五名、広島大学教授一名も参加。

被爆から二十年間、「自分だけの苦しみ」を抱えてきた親が、初めて、同じ痛みをもつ仲間と顔を合わせ、隣に座った。

安堵感と親しみ。そして、多少の緊張感とぎこちなさ。

まず、一人ひとりの二十年にわたる積もる想いを、心ゆくまで吐き出しあった。

清の母・長岡千鶴野は後に語った。

「私がその日まで抱えてきた苦悩が、決して私一人のものではなかったことを知り、私達はせきを切ったように、その悩み、苦しみをお互いぶっつけあいました」

片隅に育つ

子どもたちは出生時から極めて小さく、成長が遅かったが、多くの親がそれを障害と知ったのは、四、五歳を過ぎた頃だった。誰もが、被爆後の廃墟から日々の生活を立て直すことに精一杯で、子どもの成長の遅れを気にとめる余裕もなかった。母たちの手記『原爆が遺した子ら』および「きのこ会会報No.5」から当時のようすをみてみたい（氏名と（　）は筆者による変更加筆）。

○佳一の母

（生まれたときは）余りにも小さく、育つだろうかと気がかりでしたが、産婦人科の先生の指導で、保温に湯タンポ三個を使うなど、こまかな注意を払い、何とか育つメドがついた次第です。

食糧不足の時代で、ミルクや砂糖も手に入りませんでしたが、手製のアメや甘酒、焼き芋などでどうにか育ったのです。特に妹は、この子をとてもかわいがってくれました。しかし、このころから、ひきつけを起すようになったので、私は昔から「子供の神さま」とされている霧島神社にお詣りしたりしました。そのかいあってか、佳一のひきつけもなくなり、四歳で保育園に入園させることができました。

保育園で楽しく半日を過ごす佳一の姿に安心したのもつかの間、保母の先生から「佳一ちゃんは普通の子供さんに比べ、知恵が遅れているようだ」と聞かされたときは、目の前が真っ暗になる思いでした。（『原爆が遺した子ら』）

○清の母

園長先生から、この子はどうも知恵がおくれているようだと告げられた時も、「ああそうですか」とあっさり返事したくらいで、そんなに深刻には考えてもみなかった。

（一年遅れで小学校に入学した）清が小頭症という奇形児であることがはっきりしたのは、小学校の先生の紹介で、広島医科大学付属病院精神科で診察をうけた時だった。六歳になっていた次男も連れて診察を受けに行ったが、医者はたいして内診することもなく、兄と弟を黒板の前につれて行って好きな絵を描くようにいった。弟は船の絵を描き、兄はなにを描いていいのかわからず立っていたが、弟の絵を見ながら結局はとりとめもないものを描いた。

「この子は頭囲が小さいうえに、厚みが厚いので脳の容積が少ない。だから能力が最高に発揮されても三年生程度と思いなさい」

その時はじめて、わたしはこの子の限界を知った。二人の子の手をひいて帰る道々、私の気持ちは重く悲しく、限りなく動揺していた。（『原爆が遺した子ら』）

原爆が「うつる」と言われていた時代。障害者への理解も未熟だった。知的障害を伴う原爆小頭児と家族は、被爆者と障害者、二つの枷《かせ》のなかで暮していた。

○佳一の母

（小中学校とも、父の奔走で設けられた特殊学級に通っていたが）佳一はその特殊学級にもついていけないのです。でも佳一は、自分でできる範囲で懸命でした。私も佳一を励まし、学校へ行くことが楽しくなるよう導いたのです。毎日、佳一はランドセルを背負い、通学するのですが、意地悪な子たちが佳一を待ち伏せては罵り、果ては石を投げたり、顔を叩いたりするのです。子供たちのことに親が口出ししては佳一のためにならぬと思い、わたしは歯を食いしばり、見て見ぬふりをしました。しかし余りにひどいと思われたので、ついに自衛上、母子で通学した時期もありました。（『原爆が遺した子ら』）

○ある女児の母

五才になりましたので、人並みにと考え幼稚園に入園させました。通園の送り迎えはもちろん私の係りです。迎えに行きますと、僚友の園児にさえ、とり囲まれてなぐられたり、小突かれたり、果てはバカ呼ばわりされ一人泣いているわが子を見ることが再三ならずありました。どのように痛めつけられようと逃げることをしないで、ただなされるがままになっているわが子が不憫でなりませんでした。そして、時には私自身また家族がみじめに思えて悲しい日々でした。

十歳の時こんなこともありました。近所の三才の子を引き連れ彷徨した際、電車を停める騒ぎを起したのでした。（略）　さっそく（警察署に）駆けつけて行くと、いきなり警官にどなりつけられました。曰く「こんな子を放任して世間への迷惑を考えないのか、家から出ないよう目を離さないで置け」と、言われるまでもなく、世間に迷惑をかけないように親として精一杯注意はしていますが、いかにバカの子とは言え人の子、一歩も出れないよう部屋に閉じ込めて置く訳にはゆかない。悔し涙を押え平あやまりにあやまって引き取って帰りました。帰ってはまた、三才児の家に詫びを入れるのでした。どれだけ苦労をし、辛い思いで毎日を過したか、このような子を持たない人には到底わからない心中です。（「きのこ会会報No.5」）

○百合子の父

（百合子は、三、四歳でようやく歩くようになったが、「腰のあたりがグニャグニャして体がわずかに傾くような歩き方」しかできなかった。）余り自由に外に出して迷い子になっても困るし、近所のお家に入り込んで迷惑をかけても困るし、また交通事故に会ってもいけないと思って、小さい時からなるだけ一人では家から出さないようにし、また家の回りから離れないようにと気を付けている。

ピョコピョコとビッコを引きながら飛ぶようにして歩き、珍しそうにキョロキョロとあたりを見回しながら映画のポスターの前で立止まって独り言を言って喜んでいる百合子の姿は、他人様には確かに異様に見えることだろう。銭湯でも自分の体を洗う手を止めて、初めから終りまで百合子を眺めている人もある。

ある日、お店に女のお客様が二人来られた。店では百合子が相変らず遊んでいたが、顔見知りの一人のお客様を見るとニコニコ近寄って行ったが、もう一人の連れのお客様は、あわてて「シッシッ」と犬でも追うようにしてちょっと身を引いた。（『原爆が遺した子ら』）

そのほか、学校の帰りに、背中にバターを入れられ、何も言えないまま、ランドセルを背負って帰ってきた女児。

公園で遊んでいた娘の下着に砂を入れられた経験を、涙ながらに語った母もいた。

晴樹は、近所の若者に「火事を見に行こう」と遠くまで連れて行かれ、そのまま置いて帰られた。夜遅く泣きながら戻るというようなことが何度も続き、二十一歳のとき授産施設に入る。

佳一と清は、女児の悪戯事件の疑いまでかけられた。

佳一は、近くの川で釣りをするのが何よりの楽しみだった。

川べりの小公園で幼女の悪戯未遂事件が起きた時、近隣の人たちから冷たい疑いの視線を浴びた。母はその視線にひたすら耐え、佳一に厳しく「二度と公園へ行ってはならぬ」と告げるのが口癖となった。

清の町内では、共働き家庭の幼女が乱暴され、殺されるという事件が起きた。

警察は「その地域の『変質者』を中心に捜査を始め」、清もアリバイを調べられた。

「口惜しさと怒りが一度にこみ上げてきて」母は、所轄署の幹部に訴えた。

「うちの清がやったなら、いっそ私はまだ救われる。戦後、清が物心ついて以来、清にそれだけの体力と知恵があれば、と私は何遍思ったことか……」

親の職場の履歴書に記載されない子どももいた。

「そういう子」がいることが知れると、社会的に不利な状態に追いやられるからであった。

ある母の言葉。

「きょうだいからも、親戚からも、近所からも、邪魔者あつかいを受けて……だいたいどこの家でも、要る子、大切な子ではなかったと思う……」

仲間とともに

これまでの苦悩を出し合った親たち。誰よりも、その痛みがわかりあえる仲間だった。緊張もほぐれ、これからの会の方針を決めることになった。

抱える問題はさまざまでも、親たちに共通したのは「この子をおいては死ねない」という切実な想い。そんな親たちの願いは、自然に集約されていく。

一．子どもの障害が原爆のせいであることを、国が認めてほしい。

二．それがはっきりしたら、子どもが生涯、路頭に迷わないよう保障をしてほしい。

三．二度と同じような子が生まれないように、原爆、すべての核兵器を無くしてほしい。

秋信たちは、この三つの願いを、行政に通用する用語「原爆症認定」「終身保障」「核廃絶」にし、運動の道筋をつけていくことになった。


会の名は、百合子の父・畠中国三の発案。

「きのこ雲のもとで生まれた子供であるが故に『きのこ会』と名付けましたが、しかし、たとえ日かげで育とうとも、キノコのように、落ち葉をおしのけてすくすくと、たくましく成長してくれますようにという親たちの願いがこめられています」

閉じ込められた想いが、手をつないで歩み出そうとしていた。


しかし、きのこ会の運動を進めるにあたり、山代には心配があった。

『この世界の片隅で』が七月に刊行されれば、「原爆小頭症」が白日の下に晒《さら》され、マスコミがきのこ会に殺到するだろう。分裂し主導権争いを続ける原水禁運動は、それぞれがきのこ会のとり込みを働きかけることが予想される。そうなれば、西も東もわからない、生まれたばかりの会は、あっという間に消滅してしまう。

これまでの経験から山代はそう考えた。そして、秋信、文沢、大牟田に、親に代わって盾になるよう提言する。以後三人は、事務局という名で、実質的にきのこ会の運動にかかわっていくことになる。

さらに、二度の会合が年内にもたれた。

原爆小頭症を婦人の問題と考えた山代は、広島県婦人連合会（県婦連）に呼びかる。広島大学助教授も交え、親たちと座談会を持った。同じ母親の立場で、親の苦しみに共感した婦人たちは、県婦連の運動としても、国への補償要求や平和運動を行っていくことにする。

八月には、ＡＢＣＣの資料から新たに十一名の小頭児の住所、氏名が判明した。四名はすでに亡くなっていたが、生存していた七名が加わり、きのこ会会員は十六家族となった。

一九六六年一月十二日、「きのこ会の成人式を祝う会」が、県婦連の主催で開かれた。

宮崎、大阪、宇部からも会員が参加。

畠中会長の祝辞。

「成人式を祝うというよりも、よくぞ今日まで生きていてくれたという事を祝ってやりたい」

共感する支援者を得て、きのこ会は、第一番目の目標「原爆症認定」に向けて歩みだした。

＊1　失業対策事業　敗戦後発生した多数の失業者を吸収するために、一九四九年五月制定の「緊急失業対策法」に基づいて、公共事業などの就業を与える事業。国の補助により地方公共団体が実施。主に土木関係の肉体労働が多かった。一九九五年三月廃止。

＊2　原爆被害対策課　一九六七年に広島市に設置、一九七四年からは「原爆被害対策部」になる

第二章●原爆症と認められるまで

医学的調査の流れ

きのこ会の三つの目標のなかでも、親たちがもっとも緊急に必要とした原爆症認定。それは、冷たい視線に晒され続けた親たちの、「障害が『原爆のせい』であることを認めてほしい」という悲痛な叫びでもあった。親と事務局は、どのようにして闘ったのだろうか。

親たちの願いに、どれほど科学的な正当性があったのか。それを確かめるためにも、まず、医学的な調査をみていく。

そもそも原爆投下以前から、治療用エックス線や高線量の放射線を受けた胎児に、さまざまな形態ならびに機能障害が見られることは知られていた。なかでも、中枢神経系の障害はもっとも重篤な一つとされていた。

原爆被害調査について、もっとも早くは、投下後数週間を経ずに広島入りした日米合同調査団があるが、一九四七年、広島に設置されたＡＢＣＣが最大の研究機関である。

このＡＢＣＣには、被爆者から、「検査するだけで、治療をしない」「血液検査で血が止まらなくなった」「裸にされるのでいやだ」という声が上がり、きのこ会の親たちの反発も強い。

いったい、どんな機関なのか。

ＡＢＣＣは、米国トルーマン大統領の命令により設置された研究機関で、米国学士院が米国原子力委員会との委託契約に基づいて、広島・長崎の原爆による放射線の、人に及ぼす医学的影響と、疾病に関する調査研究を実施していた。

一九四八年、日本側も共同で調査研究をするよう、米国が要請。厚生省（当時）国立予防衛生研究所（以下「予研」）支所が、広島、長崎に設けられ、共同研究がはじまる。

その後、米国が日本側の財政負担の大幅増額と、管理運営面での日本側の主体性を要請。調査研究活動の経費は日米平等分担を原則とし、設立・管理運営は日本国民法を適用することが決まる。

一九七五年四月一日、ＡＢＣＣと予研支所は「財団法人放射線影響研究所」（以下「放影研」）として再編改組され、現在に至っている。

次に、調査研究の結果をあげていく。

ＡＢＣＣにおける調査の二本柱は、被爆者の血液学的影響と遺伝学的影響であった。

被爆から五年後、一九五〇年の夏から秋にかけて、胎内被爆児調査が初めて本格的に行われた。

G・プルーマー論文「広島市における胎内被爆児童に発現した異常」

調査期間：一九五〇年夏～秋。

調査方法：一九四六年一月一日～五月一日までの間に生まれた児童のなかから、四歳半まで生き残っていた二〇五名を発見し検査。

調査結果：対象となった二〇五名の妊婦のうち、一二〇〇メートル以内の被爆で生き残ったのは、わずか五パーセントの十一名。そのうち七名が小頭症および精神遅滞の児童を出産。残り四名は、コンクリートなどの遮蔽物によって放射線が遮られていた。

一二〇〇メートルより遠距離で被爆した一九四名には小頭症は一例もない。

「小頭症は、母親の爆心地からの距離と相関関係が証明された唯一の先天性異常である」。

「爆心地から約一二〇〇メートル以内で被爆し、コンクリートのような効果的な遮蔽によって放射線の直接照射から胎児が守られていないならば、原子爆弾の放射線によって胎児に中枢神経系欠損が起り得ることである」。

（一九五二年米国で発表）

この論文は、ＡＢＣＣのこれまでの慣用文「被爆者と非被爆者との間に有意の差は認められない」を否定する大胆なものであった。

しかし、邦訳され日本で発表されたのは、米国での発表から九年後の一九六一年である。

プルーマーに次いで、ストウが、胎内被爆児に流産死および新生児死亡が非常に多いことを報告。被爆児と非被爆児との間に発育上明らかに有意の差があることも認めた。

レイノルズも被爆児の体位が劣ることを指摘する。

R・ミラー論文「広島において原子爆弾被爆後最初の十年間に青少年に現われた遅発性影響」

調査期間：一九五〇年夏〜一九五四年冬。

調査方法：二二〇〇メートル以内で被爆した胎内被爆児のすべてを対象に、誕生日の三十日以内にＡＢＣＣに呼び出して調査。

調査結果：十六名に知能発育遅延を伴う小頭症が確認。うち十三名が妊娠二〜四か月の間に被爆。十名は一二〇〇メートル以内で被爆。

「胎生学的な障害がイオン化放射能によって実験的に作られ、また妊娠中に放射能で以って治療を受けた婦人に知的発育遅延を伴なった小頭症が生まれたという事実は、原爆の爆発時に生じたイオン化放射能が小頭症の発生に非常に重要な原因になったのではないかと誰にでも深く疑わしめるようである」。

（一九五六年米国で発表）

ＡＢＣＣ小児科の集大成ともいえるこの論文の全文が邦訳されたのは、九年後の一九六五年。ただし、小頭症の項のみ、米国での発表と同年に、共同研究者の河本定久医師によって邦訳。『日本医師会雑誌』に掲載された。

「原子爆弾被爆生存者に見られる放射線照射の遅発性影響〜一九四七年より一九五九年に至る原子爆弾傷害調査委員会による調査結果の総括〜」

「急速な発育を遂げつつある胎児組織は放射線に対して著しく感受性が強いので、胎内において被爆した少数の児童については特別な関心が払われた。強度の放射線照射を受けた多くの妊婦は急性症状発現期において死産または流産をした。被爆した妊婦の産児に数年後に小頭症が認められ、その中には精神薄弱を伴うものも認められた。これらの変化は放射線による中枢神経の障害に関連があると思われる。（略）　この精神薄弱は明らかに放射線照射量と関係がある。小頭症のいくらかがしばしば精神薄弱を伴って現われるということは妊娠四ヶ月以下の胎児が胎内において大量の放射線照射を受けた場合には普通のことと思われる」。

よって、胎内被爆児童の小頭症は、白血病、白内障、がんと共に、原爆放射能の遅発性影響と認められる。

（一九五九年ＡＢＣＣ発表）

終戦後七年間の米国占領と原爆報道の規制は、日本の原爆研究を大幅に遅らせた。しかし、広島大学医学部産婦人科教室では、早くから放射線による胎児への影響に注目。原爆の調査研究が占領軍から開放された一九五四年、ただちに田淵昭教授の指導のもと調査を開始した。

一九五五年、舟橋鋭徳医師は広島市の胎内被爆児四十二名について調査。頭囲の劣る八名を指摘。

平位剛医師論文「胎内原爆被爆児の発育障害に関する研究」

調査期間：一九六三年一月〜十一月。

調査方法：三キロメートル未満で被爆した胎内被爆児五三六名を調査。

調査結果：「胎児障害は放射線による直接障害か或いは母体の障害に依るものも含めて胎盤障害に依る間接的障害かが問題となってくるが、現在のところでは放射線が直接胎児を障害すると考えられておる。今回の研究では、推定100rad以上の胎内被爆児七五名中、小頭症及びDown症候群が九名あり、このうち八名は被爆胎令が二～三か月（せいぜい四か月はじめ）であり、症例が少ないため推計学的結論は難しいが、妊娠前半期に於ける強度の放射線被爆による障害と考えるのが妥当であろう」。

（一九六四年発表）

田淵教室の共同研究「胎内被曝児の障害について」

「胎内被曝は非被曝や乳児期被曝に比し小頭症は明らかに増加しており、（この調査では胎内被曝小頭症は三八例であった）、ことに被曝胎令の若いもの、近距離被曝従って被曝線量の多いものに頻度は増加しており　（略）　身長の低いものが多く、義務教育を中退するか特殊学級に収容されているものの頻度（一四名）も多かった」

明らかに高度小頭症であったのは一二名。

「胎内で被曝して発育障害、小頭症、精薄等の重荷をもって尚生存しているものがかなりの数に達していると推定された」。

（「広島産婦人科医会会誌」一九六五年十月発行）

ＡＢＣＣの論文からも、広島大学の論文からも、原爆放射線によって胎内被爆小頭症児が生まれることは、医学的・科学的に、ほぼ明らかであるといえた。

一九六五年三月、ＡＰ通信は、ＡＥＣがＡＢＣＣからの最新報告に基づき、「被爆のさい母親の胎内にあった子どもたちの間での知恵おくれ傾向を発表した」と報じる。同年三月十二日、毎日新聞に掲載され、初めて市民の目にふれた。

被爆から、二十年が経とうとしていた。

原爆医療法の矛盾

きのこ会結成後、原爆症認定に向けての事務局の行動は早かった。

一九六五年七月、第二回きのこ会会合の四日後には、広島市長に陳情に行く。浜井市長は理解を示したが、専門的資料が必要とされた。

ＡＢＣＣに資料の公表を求めたが、「患者の秘密は公表できない」とやんわり断られる。

関係当局への陳情を続けた結果、原爆後障害症の総括を計画していた原対協*3（財団法人広島原爆障害対策協議会）が協力し、広島大学の田淵産婦人科教室に研究を委託することになる。

一九六五年九月、原対協の協力を得て、田淵教室未調査のきのこ会会員七名が、一週間〜十日間入院して総合的な検査を受ける。治療のあてのない入院であり、再びレントゲンを浴びる検査は、子どもの身体への影響も心配された。親心は揺れたが、原爆症と認めてもらうためのワンステップとして納得するしかなかった。

一九六五年十月、原対協主催の第七回原子爆弾後障害研究会で、田淵教授より結果発表。

「胎内被爆によって小頭症は増加したものと考えられ、原則として精薄児であると考えられます」

この発表は、放射線医学研究者、厚生省関係者など関係当局の注目を集めた。

一九六五年十一月、きのこ会事務局から厚生省の宮田企画課長に実情説明を行う。宮田は、

「人数も少ないことだし是非なんとかしたい」と前向きな姿勢を示した。

しかし、これほど条件が整っていながら、原爆症認定は容易ではなかった。最大の壁は、

「原子爆弾被爆者の医療等に関する法律」（以下「原爆医療法」）における認定制度そのものだった。

原爆医療法は、被爆から十二年後の、一九五七年四月一日に施行された。

原対協をはじめとする支援団体の粘り強い運動、ビキニ水爆実験による原水禁運動の高まりなど、世論の圧倒的な力に押されて成立したものである。施策としては、主に被爆者健康手帳の交付と、年二回の定期健康診断を実施していた。


原爆症認定についての条文の一部である。

・第七条「厚生大臣は、原子爆弾の傷害作用に起因して負傷し、または疾病にかかり、現に医療を要する状態のある被爆者に対し、必要な医療の給付を行なう」

・第八条「医療の給付を受けようとする者は、あらかじめ、当該負傷または疾病が原子爆弾の傷害作用に起因する旨の厚生大臣の認定を受けなければならない」

つまり、この条文における認定とは、医療を無料で受けるために必要なもので、国が被爆者の負った障害に対して、原爆の起因性を認め、補償するという扱いにはなっていない。被爆者の求める「国による償い」とは微妙にズレていた。それはきのこ会の親たちにとっても同じ。

それでも、この原爆医療法による認定以外に、小頭症の原爆起因を証明できる道はなかった。

きのこ会の前に、第七条「現に医療を要する……」という文言が立ちはだかった。すでに治る見込みのない小頭症には当てはまらないとされたのである。

症状が固定して医療効果の望めないものは、どんな深刻な障害であっても原爆症とは認定されない。つまり、原爆のせいとは認めてもらえない。認定制度の大きな矛盾だった。

もともと被爆者の生活援護の必要性については、原爆医療法制定前から明らかで、厚生省も認識していた。

一九五七年一月七日、小林厚生大臣から大蔵省に提出された援護法実施に伴う予算には、医療費と生活援護両面を考慮した約二億七千万円が要求されている。

しかし約一週間後の第一次審査で、生活援護費分・約一億円が全額削除されて内示。厚生省は、生活資金として二五〇〇万円程度を復活要求するが、大蔵省より「生活保護体系を崩す」として、予算措置を講じない決定が下る。

一九五七年三月、生活援護要素を復活できないまま、原爆医療法の制定公布。この問題は将来の課題として保留にされたが、一九六〇年、一九六五年の改正でも、生活援護要素を盛り込むことはできなかった。

一九六六年二月、きのこ会事務局はふたたび、厚生省の宮田企画課長に、胎内被爆小頭症が原爆に起因することを、原爆医療法のなかに明記してほしいと陳情に行く。

しかし政府内では、ABCC由来の「小頭症は他の原因によってもごく普通におこり得る」という考え方が根強く、大蔵省を説得するには、病理学的に確実な資料が必要とされた。だが、これ以上、医学的に一〇〇パーセント証明するというのは不可能である。

事務局は食い下がり、交渉を続けた。

田淵教室の研究成果もあって、起因性については、徐々に認められる可能性がみえはじめる。厚生省技官から、陳情書を厚生大臣と厚生省の公衆衛生局長宛に提出するよう助言を受け、この問題は、一か月後の中央医療審議会に諮問されることになった。

その間にきのこ会では、陳情書「原子爆弾に起因する小頭症の子をもつ親の願い」を作成。広島市、県などに協力を要請した結果、広島大学原爆医療研究所（以下「原医研」）の渡辺漸所長が、中央医療審議会で小頭症の認定について提案してくれることになった。

一九六六年三月の審議会で渡辺所長は、「原爆後障害として放射能との因果関係があまりにも明らかな胎内被爆小頭症が、今なお放っておかれている事実を外国の学者が知ったら驚くに違いない。原爆症として認定するのは当然である」といった主旨のことを述べる。

厚生省の答弁「医療の方法がないので、施設等で救済すべき」に対しても、「医療効果が期待できないとはいっても、うすいというだけで、全然期待できないものではない。もし具体的に、認定申請が出された場合、審議会としてこれを認定しない法はない」と切り返した。

最終的に、原爆起因について委員から特別な異論は出なかったが、名簿だけでは認定できないので、具体的な認定申請を受けた上で考えることになった。


審議会での結果から、きのこ会の取り得る方法が見えてきた。

原爆医療法の枠内で具体的に認定申請をするか、別途の方法で国会に陳情するか。

国会陳情には地元の意向が重要なので、事務局は県の予防課と市の原対課に相談に行く。

県の予防課長は、「医療法ではどうしようもないので、それ以上を希望するなら別のものを一本ということになる。協力するので、陳情書を提出するなら原案がほしい」。

市の原対課では、県と歩調を合わせて取り組む意向を示した。

きのこ会は陳情書の原案を県と市に提出。成り行きを見守る一方で、認定申請書の作成にかかった。

事務局は、再び原医研の渡辺所長に相談する。申請には「現在医療を受けなければならない状態にある」と、「医師の意見書」に明記してもらう必要があるという。小頭症の該当医師として精神科医師にあたると、知的障害は医療の対象ではなく、健康保険すら認められていないことがわかった。

渡辺所長は、「広島で認定申請した場合、審議会の小委員会では通過するだろうが、新しい認定疾病のケースとして中央の審議会で検討しなければならない。これには困難が予想されるので、最初は、あまり抵抗なく認定できるような、医療効果の期待できる二〜三の例を出す方がいいだろう」と助言。

しかし、認定診療には苦痛を与えそうな施術があった。脳に空気を送り込んで、レントゲン写真で撮影し、頭皮の厚さを測る気脳法手術。子どもに耐えられるかどうかわからない苦痛を与えることはできない。事務局は精神科医と相談。治療はむしろ生活訓練にあると考え、この診療をやめ、広島大学教育学部特殊研究グループに個別調査を依頼する。被爆者問題としては、初めて医学以外の分野での研究だったが、大学側からは快諾を得た。

調査事項は①知能指数を田中ビネ方式で測定　②生活適応能力の調査　③運動能力の検査

会員五名の検査を実施し、二歳〜八歳程度の発達と診断される。だがそれ以上の検査は、財政的な問題から断念。原対協に持ち込んだところ、原爆小頭症の小委員会を作って検討してくれることになった。

「厚生省小頭症研究班」の発足

原対協が動き出す直前に、「厚生省小頭症研究班」が発足する。

一九六六年六月三十日、「小頭症の疫学的研究」の厚生科学研究補助金交付申請書が、中泉正徳（東京大学医学部名誉教授、中央原爆医療審議会会長）代表から、鈴木厚生大臣に提出され、二十五万円の研究費がおりることになった。

共同研究の班員には、きのこ会をよく知る田淵昭教授（広島大学医学部産婦人科）が、志水清教授（広島大学原医研疫学科）、有馬正高助教授（東邦大学医学部小児科）らとともに選ばれていた。

厚生省が問題に取り組む姿勢を示した以上、きのこ会としても、結果が出るまでは、陳情書、認定申請、原対協への調査協力依頼を棚上げすることに決めた。

一九六六年八月二十八日、「自分の目で実際に小頭症の子供や親たちを見てみたい」という、中泉班長たっての希望で、きのこ会会員との懇談会がもたれた。

小草信子の父は、「これを見てやってください」と信子の右足の靴下を脱がせ、足の指がないのを差し出した。

畠中会長は「原爆症と認めてもらうために、今までの調査結果以外にどういう点が必要なのでしょうか」と問う。

温子の母は、頻繁に発作を起こす娘をおいて働きに出る心配を語り、「なんとか施設へ入れてもらいたい」と懇願。

長岡副会長は、これまでにも「されすぎるくらい」検査されたことを挙げ、「なお足りない資料があるとすれば、どういう点で足りないのか。治療するための入院ではないのだから、痛いめにはあわせたくない」と率直な意見をぶつけた。

これに対する研究班側の答えを要約すると、次のようだった。

厚生省はお役所だから、他所から文句のつけられないような万全のかたちをとらなければならない。これまでは産婦人科という限られた範囲の研究だったが、今回は眼科、耳鼻科、内科、外科、精神科の総てを診察することになっている。小頭症以外にも被爆の影響が身体中のどこかにあれば、それが医療法認定の手がかりになるかもしれない。

会員に直接会い、親の訴えを聴いた中泉班長は、単に医学的な立場だけでなく、生活面にわたって援護の必要があるという参考意見も付け加えるべきと考えるようになる。しかし、あくまでも原爆医療法枠内にこだわった。

最終的に、知的障害を伴う小頭症に、治療の必要がある他の疾病を「合わせて一本」とすることが目標とされる。

再入院・再検査

一九六六年九月二十日から三十日まで、厚生省小頭症研究班の方針に従って、広島大学医学部付属病院で検査が始まった。田淵産婦人科教室が中心である。

長崎の胎内被爆者一名が加わり、十四名が一週間入院。二名が通院検査。十数科目について精密検査をした。

平常どおりの診療・研究を行いながら調査が加わる広島大学病院では、過重な負担を強いられる。だが、関係者の「胎内被爆小頭症になんとかして救済の道をひらいていこう」とする志が、困難な検査を実現させた。特に平位剛医師は、公私両面にわたって尽力した。子どもたちを銭湯にも連れて行った。この時のことを、浩二は四十年近く経った現在でも覚えている。

「平位先生と一緒にお風呂に入った。あれ、病院の中にあったんかね、出てから行ったんじゃったかな? 風呂屋があるん。そこで、男性軍は男性軍で、一緒に入ったことあるよ。うん、楽しかったよ。みんな一緒じゃけえね……」

入院中には、思わぬ発見もあった。もともと男子は入院生活に適応できていたが、女子には重症者が多く、当初は平位医師や看護師を手こずらせた。

それが、きのこ会の友に囲まれ、医師や看護師の適切なケアのもと、次第に検査にも順調に応じるようになっていく。

「なかでも、はじめて両親のもとをはなれて集団生活をする百合子ちゃんの進歩はめざましかった。(略) 子供同志で、お互いに菓子をわけあい、弱い者を助け合っている姿 (略) 今まではただ保護されるだけであったのが、自分で独立し、相手をいたわることができるのを発見した」。(「きのこ会会報No.3」)

各科での検査の結果、それぞれの子どもたちに、腎臓、骨、迷走神経……と、問題が判明。胎内で浴びた放射線は、中枢神経だけでなく、あらゆる器官に障害を与えていたのである。

田淵産婦人科教室の報告草案「胎内被曝小頭症の臨床所見について」

「胎内原爆被曝児の小頭症は電離放射線が主因をなすものと考えられ (略) 原爆放

射線が小頭症を増加せしめると推定」。

「小頭症には生活環境に対応するには不適当な種々な弱点をもっており、従って疾患にもかかりやすく、生命力も弱いであろう」。

従来の日本人の小頭症の遺伝的研究との比較も行われた。

遺伝性のものは、約半数がいとこ結婚で、男性に多い。「きのこ会」では、血族結婚は一例もなく、男性より女性に多かった。

その他、小頭症の原因と考えられる、胎内における感染症、循環障害などの徴候も見出せなかった。

（一九六六年十二月）

原医研の志水教授「胎内被爆小頭症の疫学的研究」（社会医学の観点から分析）
「被爆により実父が即死した者、現在父親が病気臥床中の者、母親と生別した者などがあり、家庭環境において問題の多い者がかなり高率にみられた。また、扶養者の家業においては、労務者、工員、内職従事者で過半数を占め、患者の養護について困難のある家庭が多くみられた。これらは、小頭症発症に直接関係があるとは考え難いけれども、発症した患者の適切な養育において、いろいろの困難をきたし得るものと考えられた」。

これらの草案に有馬助教授の診察結果が付加され、一九六七年春、厚生省小頭症研究班報告書「胎内原爆被爆小頭症の疫学的研究ならびに諸機能障害に関する研究」が、厚生省に提出された。

この報告書をもとに、同年五月、厚生省で原爆医療審議会が開かれる。法律上の問題はあっても、認定に向かって努力しようとする姿勢が示された。

ただちにきのこ会は、広島県在住で特に重度の六名について、認定申請書を厚生省に提出。志水・田淵両教授は、報告書とは別途に、「班員の意見書」として、「特に小頭症患者には社会的な介護の必要がある」との一文を提出していた。

八月下旬、原爆医療審議会で、これらの成果が実を結ぶ。

一九六七年九月五日、ついに、温子、晴樹、信子、京子、由美江、陽子の六名に、原爆症の認定がおりた。

しかし認定疾患名は、小頭症ではなく、「近距離早期胎内被爆症候群」。

「小頭症としてはあくまで認定基準の対象とはしない」との姿勢を、厚生省は最後まで崩さなかった。認定の基準は、「高度小頭症に精薄をともない、その上で他の身体機能になんらかの欠陥があるもの」。

頭囲の大小にかかわらず、将来の胎内被爆者に現れ得るあらゆる障害に対して、適用できる可能性を残したいという志水教授らの強い要望もあった。たしかにきのこ会会員のなかにも、重大な知的障害は残しながら、頭囲だけは回復している子どもがいた。

その後、二年のあいだにきのこ会の全員が認定を取得していった。

認定制度にもとづく問題は残しながらも、きのこ会は、結成から二年余りで、第一の目標「原爆症認定」を勝ちとった。

「障害は原爆によるものだと認めてほしい」という、親たちのひたむきな想いが結集した原爆症認定。

親の想いに突き動かされた事務局の、素早い行動と弛みない努力。諦めない力。親と事務局が想いをひとつに闘う、その姿に呼応するように協力を捧げた医師、市民グループ、行政関係者。職種を超え、立場を超え、人と人とが協働していた。

その根底には、こんなことが許されてはならないという、血の通った人間として、ごく当たり前の感情があったのではないだろうか。

「ともかく、原爆症と認定してもらうことはきのこ会発足当初からの念願であった。これがまず認められたことは、この子らに対して政府も責任の一端を承認したという事実の重大な成果であったといわなければならない」。(「きのこ会会報No.4」)

＊3　原対協　「財団法人広島原爆障害対策協議会」の略称で、一九五二年の講和条約を機に、広島市の有志医師が中心となって、被爆障害者への救済活動を行ったことがきっかけとなって設立した援護団体。一九五七年の「原爆医療法」制定にも大きな力を及ぼした。全国的な募金と市の財政援助によって、一九六一年には「被爆者福祉センター」を設立。被爆者の健康管理や精密検査を行うほか、被爆者の生活困窮者に対する生活援護金の給付を開始したり、原子爆弾後障害研究会を開催するなど積極的な活動を行っている。

第三章●

「きのこ会」十五年間の歩み

終身保障を求めて

原爆症認定を取得した喜びも束の間、認定制度の弊害が顕れた。

原爆医療法にもとづく医療手当の支給条件は、「厚生省指定の医療機関で、月に通院四日以上、入院三日以上」であるが、これに該当したのは、最初に認定を受けた六名中、広島大学病院に入院して股関節脱臼の手術を受けた由美江だけ。しかも、制度に従って通院しなければ、認定を取り消される可能性もあった。

指定病院に通うには、信子は、親子で船に乗って一日二〇〇〇円の交通費がかかる。四日通院すれば交通費だけで八〇〇〇円。それに対して、支給される医療手当は三四〇〇円。つまり医療費が無料でも、四六〇〇円の赤字となる。

授産施設にいる三人は、指定病院まで、山道を往復三時間かけて通わなければならない。精神病院にいる温子も同じような状態であった。

これまでの事情をもっともよく知っていた長岡千鶴野は、この不可解な制度に、強い怒りを示した。

一九六七年九月二十五日、原爆症認定から二十日目にして緊急会合がもたれ、宮崎から佳一母子も駆けつけた。志水原医研所長から、認定を巡る諸問題について詳しい事情を聴く。

きのこ会の子どもたちの認定についての審議は、予想以上に難航を極めたという。小頭症だけでなく、それに付随するさまざまな疾病によって認定されたのだが、その一つひとつを取り上げると、貧血症状、股関節脱臼、眼科的異常、欠趾症、運動機能障害など、それだけでは、現行の原爆症認定基準からすれば、まったく問題にされないような病名だったのである。

そんな状態のなかで、志水医師らは、六名の小頭児をなんとか認定に持ち込むことが精一杯で、それ以降に起り得る問題についてまで、とても頭がまわらなかった。

この矛盾は、「小頭症をなんとしても表面におしだすまいとする」厚生省の考え方に端を発している。審議会でも、原爆被害について医療面でしか考えず、生活面での苦労に目を向けていなかった。小頭症のように、治療法のない原爆症の認定は、現行制度の矛盾を浮き彫りにした。

問題の根本的な解決のためには、原爆医療法そのものを見直す以外にはない。しかし、事態は差し迫っていた。きのこ会としては、当面の要求を決めるしかなかった。

①通院が困難な五名には、かかりつけ医師に指定病院になってもらう

②それが駄目なら、指定病院に通うための交通費と付添費を負担してもらう

この二つを目標にして、まず、交通費について広島県の社会課に相談に行く。

社会課では、「被爆者全体の問題として厚生省と打ち合わせ中」なので、もう少し様子をみ

てほしいとのこと。きのこ会以外の被爆者からも要望が上がっていたのだろう。県衛生課には、かかりつけ医師を指定病院と認めてもらえるように、厚生省への要請を求める。この過程で長岡は、もし認められないなら、授産施設の三人を自分が送り迎えするとまで言い出し、行政当局をあわてさせた。

三か月後の医療審議会で、指定医療機関を要求どおり承認。

関係者の良心的な努力に加え、厚生省でも原爆医療法の矛盾を認めざるを得なかったといえる。誰の目からみても、その矛盾は明らかだった。

広島県は独自に原爆援護法制定予算を組み、市も被爆者の直接援護につながる予算を考えていた。原対協では、最初の六名が認定になる前年の一九六六年から、生活に困窮している家庭に対して援助金を支給していた。医療者が中心の原対協でさえ、医療面を離れた生活援護の必要性を強く感じていたのである。

一九六八年九月、「原子爆弾被爆者に対する特別措置に関する法律」(以下「特措法」)が施行された。原爆医療法の改善を求める被爆者運動や、きのこ会の陳情の成果でもある。

特措法には、所得制限つきで、認定被爆者に対する特別手当、医療手当の支給と、特定の疾病をもつ被爆者に対する健康管理手当、介護手当が盛り込まれていた。

しかし、特措法は原爆医療法の矛盾を解決したものではなく、あくまでも原爆医療法にもとづいた制度であった。「現に医療を要する」ことが条件で、手当の受給には、医療を受けなければならない。

きのこ会会員も、特別手当一万円と医療手当五〇〇〇円を受けるためには医者に通わなければならなかった。だが、病状に大きな変化が望めない小頭症患者は、医師や看護師から露骨に嫌な顔をされることもある。医者に通うことが、一五〇〇〇円の手当の裏付けになるだけに、「そんなに金が欲しいのかと刺すような疼きをもって、こころやさしい人に迫った」。会員たちは、たとえ体調を崩していても行き辛い気持ちになり、医師の顔色を伺い、肩身の狭い思いで診察を受けることもあった。

医者に気を遣っての通院に加え、面倒な申請手続きに根を上げる親もあった。

きのこ会では、各種手当を一括して年金的給付にされることを望む。母親の健康管理と、親亡き後の子どもの扶養措置を合わせて要望書を作成。広島、長崎の県知事、市長、および議会議長で構成される「広島・長崎原爆被爆者援護対策促進協議会」（以下「八者協」）に、一九七六年七月、提出した。

同年八月、三木武夫首相へ、親子の終身保障の具体策を切望する要望書を手渡す。

翌一九七七年、政府は小頭症対策として「生活指導費」を新設。しかし、きのこ会が望んでいた年金的給付ではなく、自治体の補助金として交付されるものであった。結果的には、自治体が具体的な支援策を作ることができなかったので、一九七八年度から、生活指導費を廃止して、月額三万円の「原爆小頭症手当」が支給される。

一九七九年六月、厚生大臣の諮問機関「原爆被爆者基本問題懇談会」（以下「基本懇」）が設置。被爆者は、「今度こそ、国家補償の明記を」と期待をかけた。

一九七九年十二月、きのこ会は陳情書を作成。

一九八〇年十二月、基本懇による意見書の提出。内容は、国家補償明記の被爆者援護法ではなく、「およそ戦争という国の存亡をかけての非常事態のもとにおいては、国民がその生命・身体・財産等について、その戦争によって何らかの犠牲を余儀なくされたとしても、それは国をあげての戦争による『一般の犠牲』として、すべての国民がひとしく受忍しなければならないところであって……」と、被爆者に対する「受忍」を強いるものだった。

これに対し、日本原水爆被害者団体協議会（以下「被団協」）は、一九八四年「原爆被害者の基本要求」を発表。一九八五年には被爆四十年目の調査を行い、その報告書として、一九八七年夏、「被爆者は原爆を『受忍』しない」を発表した。

それから七年後の一九九四年十二月、「原子爆弾被爆者に対する援護に関する法律」（以下

「援護法」）制定。一九九五年七月施行。国家補償は、ここでも明記されなかった。

親子で暮せる施設を

きのこ会では、終身保障の具体的な対策として、「親子ともに暮らせ、医療設備も整った施設」を求める声も早くから上がっていた。

しかし、既存の施設で親の希望に該当するものはなく、新設するには人数が少なすぎた。広島県の児童課長からも、医療設備のない既存の精薄者施設（当時）の範囲内なら相談にのるが、「原爆だから特別に」というのは、政府の手前もあってできないと言われていた。

きのこ会会員の知的障害の程度には差があり、三つに大別して考えた。

①重度の知的障害があって特別な保護施設が必要なもの……該当施設なし
②中程度で既存の施設入所も可能なもの……二名はすでに入所。他は親が希望せず
③施設に入るほどではないが、一般社会での自立が困難なもの

結果的に、親の希望と施設が一致しなかった。

本来、親たちは、どのような施設を望んでいたのか。「きのこ会会報No.5」に掲載された百

合子の父・畠中国三と、清の母・長岡千鶴野の言葉は示唆に富んでおり、以下に引用する。

○百合子の父（百合子は重度精薄施設（当時）での救済が望ましいとされていた）。

施設といえば大変きこえは良いようですが、一般社会から隔離された現在の施設には賛成できません。ちょうど島流しにあったようで格子なき牢獄といった感さえします。なんのためにこうまで世間から引き離されなければならないのでしょうか。また、我々も人目を忍んだようなことをする必要があるのでしょうか。

私が最も望む施設とは、現在このままの状態で一般社会の中で生活し、重症者には特殊学級または幼稚園程度からの教育を、軽症者には職業補導から就職、収入の道へとすすみ、希望者は年齢を問わず施設の中に住みこむこともでき、またいつでも出入りできるもの。そうして昼は施設で教育を受け、夜は家族の一員として生活できるくらいの慰安と安らぎはあってほしいと思います。「施設へ入る」ということばそのものが、すでに冷たい厚い扉で一般社会と引きはなされ、ガチャンと錠をおろされたような感じがします。ともかく昼は誰にも気がねや遠慮のない、楽しいそれでいて隔離されない小頭児たちの社会が望ましいと思います。

○清の母・長岡千鶴野

広島県内に一つの町のような施設をつくっていただきたい。本人の状態により可能な仕事をもたせ、家庭ももち、本質的には自主独立的な生活の中で、万全の援助をしていただきたい。親も他の兄弟の責任を終えて独立させた後には、本人とともに軽労働をさせて下さい。つまり親子ともども入れるような施設がのぞましい。

ただ金銭的な援助だけではどうしようもなく、一般社会のなかで生きていくには親の目からみても無理だと思います。他人さまに迷惑をかけず、この子たちに人並みの幸せな生活をさせてやりたいと一心に願っています。特にこの子たちは原爆の生き証人として、世界の人々が平和を願う大切なきずなだと思っています。そのためにも、社会から脱落して消えてしまわないよう、将来とも暖かい保護を加えていただきたいと思います。

もし、百合子の父や、清の母が望むような施設や社会があったなら、小頭児だけでなく、すべての障害者の人生は変わっていただろう。だが、実際は希望とはほど遠かった。だから百合子も清も、親元で暮した。

しかし、すでに親だけで支えることに限界を迎えた家庭もあった。きょうだいには負担が大きすぎて託せないと考える親も多かった。親亡き後が迫り、生涯の生活を保障してくれる施設が早急に求められていた。

○温子の母

身体の弱い母は、温子を留守番させたまま掃除婦として働き、早くから、親子ともに入れる施設を切望していた。「せめて温子だけでも」と既存の施設に足を運んだが、てんかん性発作があるため、どこも断られた。「発作を抑える薬を飲めば大丈夫」と、事務局からも福祉事務所に交渉したが、駄目だった。

とうとう一九六七年一月、温子は、精神病院に入院。

母は、温子を入院させた後も、会の活動には積極的だった。

「はじめは寂しくて、どうしているかと気にかかって困りましたが、病院でもよく面倒をみて下さるようなので、近ごろでは少し安心して働くことが出来るようになりました。そばにいて親らしいこともしてやることが出来ず、病院の皆様にお世話になっていますが、近所の子どもたちにいじめられたり、心ない大人たちの好奇の目にさらされないだけでも、今では『これでよかった』と思っています」。(「きのこ会会報No.5」)

これで本当に、よかったのか……。

○誠治の母

「行く末長いこの子供等に相応の仕事を与え、喜々として日送り出来る安住の施設の出来ることを、老いた親等はこの目で見てこの世を去りたいものと念願しております」。（「きのこ会会報No.9」）

かつて施設を経験したことにより、本人に適した環境のなかで社会性を身につける必要性を感じている親もあった。

○光宏の母

光宏は一年遅れで小学校に入学したが、ついていけず精薄施設（当時）に入園。十六歳までの八年間を施設で過ごした。

先生は優しく、いじめにあうこともなかった。光宏は学園を気に入り、ひらがなは全部書けるようになった。面会に行くと大喜びしたが、ついて帰りたいと泣くこともなく、ニコニコ笑って手を振った。

ときには、母の元へ「おかあさん、おげんきですか。ぼくもおげんきです」という手紙が届き、母もそれが「生きがいでもあるかのように」せっせと便りを書いた。

卒業後、自宅に戻るが、学園の紹介で自宅から通えるブロック工場への就職も決まった。母は手記に綴っている。

「夫婦のどちらかでも生きている間は、彼の伴侶となって過ごしていくだろうが、この子の将来を考えると、不安で気持ちが暗くなる」。（『原爆が遺した子ら』）

この子らを世の光に

一九六七年春、清の母・長岡千鶴野は、山代巴とともに滋賀県の「近江学園」を中心とした心身障害者の施設を見学している。

「近江学園」の設立者は、「この子らを世の光に」と説いた糸賀一雄。長岡はかねてより、糸賀の考え方に敬服していた。おもに次のような考え方である。

「すべての人間の生命が、それ自体のために、その発達を保障されるべきだ」。「精神薄弱な人たち自身の真実な生き方が世の光となるのであって、それを助ける私たち自身や世の中の人々が、かえって人間の生命の真実に目ざめ救われていく」。（『この子らを世の光に』）

いくつかの学園を見学した長岡は、「きのこ会会報No.3」に綴っている。

手押し車に乗った子が、車輪を障害物にひっかけて動けなくなり、四苦八苦しているが誰も手をかさない。がんばれ、がんばれ、という声援をその目にこめてじっと黙ってみつめている。

どんなにからだの不自由な者であろうと、誰のものでもない自分の身体をつかって生きなければならない厳しさに、わたしは息をのむ思いでした。

あおむきっぱなしで、うつむくことはできないのではないかと思われる子がいました。わたしを見るために、身体全体を斜めに歪めなければなりませんでした。首が変形しているためか、声もつぶれてしわがれて何を言ってるのかわかりません。それでも声を出してわたしを歓迎してくれるのです。

知能は正常なのでしょう。オシメをとりかえようとする保母さんに、身振りで今するなと訴えながらわたしたちの方を見ていた大きな子の、はにかんだ優しい目にわたしは不覚にも涙を流してしまいました。

他人からは気丈だといわれても、わたしも女ですから人間が生きるということの業の深さがこわいくらいでした。原爆で無一文になり、やっと立ち直ったものの精薄の子をかかえて心の安まる間のない自分を、わたしはずいぶん業の深い女だと思っていました。しかし、そういう考えから生まれるものは諦めでしかないということに気づきました。

ねじれた身体や、ねじれた手をしていても、自分の身体で何かを創りだしていくために営々と努力し、ある者は軽作業に従事さえしている姿を見た時に、人間にとって諦めはあり得ない、どんなに不可能にみえるところにも可能への芽ばえはいつも用意されているのだと心に銘じました。

そして、学園職員の田村から「原爆という特殊性だけに目を向けるのではなく、一般の心障者の終身保障として問題解決を考えるべきではないか」と助言を受ける。長岡は、会員にこの言葉を投げかけ、次のように結んだ。

「二一年経った『きのこ会』がじっくり考えてみなければならないことばのようにわたしは思います」。

「原爆のせいだから政府は、この子たちに終身保障をしろということは当然これからも声を大にしていわなければなりませんが、同時にわたしたち親が自分の子の可能性を見出して、最高の能力を発揮させるように教育し、ただ単に保護されるだけの存在でなく、自らの力で人間として生きていく子にしていくことを心がけなければならないでしょう。

わたしたちは原爆に甘えていてはいけないのです」。

長岡の呼びかけに応えて、翌一九六八年四月、百合子の父、幸子の母、武史の母が「びわこ学園」の見学に出かけた。びわこ学園は、近江学園のなかの「杉の子組」という重症心身障害児のための療育グループから誕生した学園である。

びわこ学園見学から五か月後の一九六八年九月、特措法が施行され、原爆養護ホーム建設の補助予算も盛り込まれた。

原爆養護ホームはコンクリート三階建。一階は年齢制限のない特別養護ホームで、対象は、原爆後障害により介護を必要とする人。二〜三階は六十歳以上を対象とする一般養護ホームだった。

当時二十四歳であった原爆小頭児も、一階の特別養護ホームの対象とされた。しかし実態は「老人ホーム」で、個々の発達が望めるような、機能訓練やリハビリテーションに配慮した施設ではなかった。きのこ会は入所を拒否。

秋信は怒りを記した。

「原爆小頭児にいま必要なことは原爆の放射能障害により遅滞した知能の発達を保障していくことである。人間として本来的にもっている権利を原爆が奪い取った。その権利を彼らのうえに回復していくことこそ必要なことなのだ。恩恵的福祉行政によって人間の権利の回復はおこない得ない」。（「きのこ会会報No.6」）

きのこ会として、独自に、会員十七人を一か所に終身収容するコロニーの建設を考えたこともある。しかし、検討を重ねた結果、「コロニーの思想の中には、社会の生産活動から自らを遮断してしまう恐れが多分に含まれているのではないか」「子供たちを障害の程度に応じつつではあるが、広やかな社会の中で、その暖かさ冷たさに触れさせながら何らかの生産の場に置くことこそ大切ではないか」と収束され、親の意思によって生活の場を決めることになった。

きのこ会の転機

きのこ会の運動は、特措法が施行された頃から、少しずつ衰えていった。

秋信（風早の名で投稿）は、一九七〇年の会報で、Ａ４判十頁の紙面を費やして、これからの会のあり方について呼びかけている。以下はその引用である。

神の座ともいうべき胎内に侵入し、わが子を不具とした原爆に対する怒りは、月々一五〇〇〇円であがなえるものではない。しかし、日々の苦しい生活のなかでこの金が大変助けになるのも事実だ。助けになるから、よくしてもらったとつい思ってしまう。そういう感情にとらわれてしまうと、結局、うちの子ばかりではない、もっとひどい人がいる、うちのはまだいい方だという更に下を見る感情がうまれてくる。差別感が生じる。不具の子と直面する日常のなかで原爆への怨念は形あるものとして存在するにしても、月々一五〇〇〇円という銭を媒介として差別感へと変質していっているのではあるまいか。行政の枠から切り棄てられていたときには、冷淡な政府に対する怨みは執念と化したエネルギーとして一五〇〇〇円をひき出してきた。しかし、それを手にしたとき、行動のエネルギーとしての執念は変質してしまった。「きのこ会」としての活動に実質的にピリオドがうたれたと正直に告白するのは性急であろうか。

（略）

原水爆禁止運動の枠のなかにいる人が、わたしたちの運動をさして、ものとり主義という名でよんだことがある。確かに、相手の土俵にのぼり妥協しながらでも何か具体的に獲得していくという方法をとったものだから、そう呼ばれてもいたし方ない面もある。しかし、わたしたちは、わたしたちがひとつずつ獲得していくなかで、現体制のなかの矛盾を露呈せしめていくというかたちでなによりも庶民の肌で、生活の場としての社会のもつ不条理、社会を運行する行政のひずみ、それらを含めて体制と呼ばれるものの正体にふれてきた。

第三の要求としてかかげている核兵器禁止は、前の二つとは自ら次元を異にするものであり、段階的解決などあり得ないものであるだけに、これからどう「きのこ会」がすすんでいくかは非常にむつかしい問題といえる。確かな手応えのうえでともかくも五年間、まとまって活動してきた「きのこ会」が、理念的な次元でどう運動を展開していくのか、この小冊子を読まれた方の忌憚のないご意見をぜひききたいものである。（「きのこ会会報No.7」）

秋信の呼びかけに対する会員の直接の応えは、記録には見つけられないが、この問題については総会で話し合われたと思われる。

そして一年半後の一九七二年、東京在住の山代が、「わたしの報告」として十一頁にわたる手紙を会報に寄せた。

山代はまず「遠慮あれこれ」として、これまできのこ会に対して遠慮してきた二つのことを述べている。

ひとつは、原爆症認定の交渉において、「平和運動に好意を持たぬ官僚を相手に、一日も早く行政的に親の願いをかなえようと」反体制的に大きく運動することを控えた、「事務局の慎重な配慮」に対しての「自分の意見を押し出すこと」の遠慮。

もうひとつは、「子のために」という願いだけで統一されたきのこ会が、特定のイデオロギーを持たず、どの団体とも特別の関係をもたないようにしてきたため、被爆者の小グループからの救援の心情と摩擦を起こしたことについてで、どちらとも関係のある山代は、「どちらにも沈黙する妙な遠慮」が続いた。

だが、その遠慮の効もあって、きのこ会は、官僚側からも、平和運動勢力からも、一個の独立した親の組織として認められ、原爆症認定も取得し、補償要求も不充分ながら成果をみた。

ただし、「この成果と運動の関係は非常に微妙だ」として、風早の問題提起（前出）と、「きのこ会会報No.5」から、畠中の「片隅の記録（全69頁）」の一部をあげている。

それは、作家・井上光晴が畠中を取材して、「世界」と「アサヒグラフ」に投稿した記事について、畠中が反論を示した部分であった。

井上が二度にわたって同じような内容を投稿した記事、「アメリカが原爆を補償するために金をだせばあなたは受け取りますか。私は口まででかかった言葉をおさえた」を読んだ畠中は、「『ひどい目に会わされた敵国からおめぐみを出されたら、貴方はそのおめぐみを取るか』とはがゆい気持ちで私の話を聞かれたものと思われる。私は今一度はっきりとのべて置かねばならない。『私は物乞いでもなければ、物もらいでもない』と云う事を……」。

「責任の果たせない者に原水爆禁止はあり得ないのである。その責任を果たすために保証を要求するので、物乞いではないのである」と、井上の「遠慮」に対して強い反発を記していた。そしてそれは、米国に対してだけでなく、日本政府に対しても戦争責任を追及する言葉となり、「戦地の軍人に恩給という保証がある如く、原爆という特殊な戦争被害に対し、被爆者への政府の責任を要求しているのであり、被爆者にはその当然な権利があるのである」と結ばれている。

山代は、「これらの言葉は会長畠中氏一人の心ではなく、会員全体の心だった」と受けとめていた。そして井上と同じような目で「きのこ会」を眺めている人々に、畠中の決意を示した。

「吾々の運動は八月が近づくと夏の夜空に色どられる花火のようにパッと燃えてはスーッと消えて行く一時的なはかないものであってはならない。（略）　立ち上がろうよ子孫のために、血涙もって訴えるような世界平和と人類の幸福のために。追求し要求しようよ、日本政府が果さなければならない被爆者への責任と、吾等が生きる権利のために」。

「広島で原爆に会うのも宿命なら、小頭児として生まれて来なければならなかった百合子も宿命であり、その子を持つという親も又その家庭へ姉妹として生れて来た子供達もみんな大きな宿命を持って来ているのである。吾々が、幸せになるためには、そうしたあらゆる宿命から生じる難を一つ一つ打開し、一歩一歩幸福へ前進して行く以外にない。そのためには先ず自分自身の革命からおこなっていかなければならない」。

そして、「見て下さい、畠中さんは地道に自分の内面の革命に取り組んで、そこから権力の戦争責任を追及しています。きのこ会の補償要求は戦争責任の追及なのですよ。戦争責任を問わずに核兵器の禁止はできんでしょう」と「胸を張っていえた」。

しかし、「いま、事務局報告の如く、一五〇〇〇円を引き出したとき、行動のエネルギーとしての執念は変質して、会としての活動にピリオドが打たれたとしたら、いままで心配しながら咽喉まで出そうな言葉を遠慮していた人たちから、『それ見ろ！補償主義の行きつくところはそうしたもんだ』といわれても、私には返す言葉がない」と綴る。

さらに山代は、「補償のあとにつぐもの」として、理念を実践に移すことの難しさを踏まえた上で、苦言を呈する。以下は、その引用である。

（きのこ会の生みの親でもある広島研究の会がめざしたのは）被爆者といえどもその平和要求の一番の砦は、自己の内面の革命で、このためには互いが実践し討論し、新しい自分、新しい相手を発見しつつ、連帯していくことだった。これは畠中さんと共通の考え方だと思う。ところがこれは抽象の世界での共通で、実践に移した場合には、この共通の言葉を、ある者は祈ればよいというようにも受け取り、ある者は古い日本人のままの努力を重ねて行き、ある者は古い日本人のままの努力に正面からぶつかり、あの侵略戦争の反省が行動の基礎であるというように受け取る。実践すれば必ずこの対立が起って来る。そこから分裂ということも起きて来る。分裂せずに互いの内面の革命を助け合い、連帯を保って行くということは、大変むつかしいことなのだ。きのこ会がこの困難にかって一度もぶつからなかったということは、互いの内面革命の面は、実践の上での連帯へは向はず、抽象のところに止めて、今日までの連帯を保って来た証拠といえるのではなかろうか。

（略）

認定と補償にまずまずの実りを得たいまは、遠慮の殻を破るのが第一だと思う。遠慮の殻を破った会報は、会員と、会にかかわる全員の、一人一人の内部変革の報告集であっていいのではなかろうか。（「きのこ会会報No.8」）

そして、先頭を切って、山代自身の内部変革の報告「おっくうについて」「薬缶とヤケド」「会報は生きもの」を送る。以下はその要約である。

○「おっくうについて」

最近、身近な被爆者や知人が何人も、「おっくう」現象に突き当たっている。被爆教師・尾形静子のように、おっくうとの戦いで生涯を終えた人もいる。尾形を通して知り合った被爆者の女性も、東京に越して十年近く被爆者運動をしていたのに、最近顔を出さなくなった。その原因も、次のような「おっくう」だった。

「戦って直接自分の身にはねかえってきたものは差別」

「高度成長経済のもとの世間は冷たい。他人のことなどにかかわりが持てなくなっている。被爆者を理解するどころか傷もの扱いにする傾向が強い」

「水俣病も、イタイイタイ病も、公害ゼンソクも、根は一つなのだ。みんな連帯して行かねばと思って、隣近所にも、PTAや婦人会にも自分が顔を出すところではどこでも、訴えて来たが、目の先の幸福に捕われている人々は耳を貸さない。それればかりか、就職、結婚などにかかわると、被爆者を差別する心をちらつかせる」

「被爆は自分の血液の中にどういう爪跡を残して子孫に伝えるか全く未知だ。それは今日の環境汚染から来る被害に共通している。人々はそれをわかっていつつも連帯しようとしない。連帯より差別を先立たせている。この大きな壁の前に、どうしようもない無力感が湧いて来る。これがおっくうの根元だ」

これは、別の知人の「おっくう」追及ともまったく一致していた。山代は、「おっくう」の根元にある差別について、この女性と勉強することにした。

○「薬缶とヤケド」

テキストには、武谷三男編『公害・安全性・人権』を考えている。この本は「現在起きている様々の公害の根元を正し、公害と戦う根本は何かを論理づけている」。取り上げられる内容は、原子力公害から保育所で起きる子どもの事故に至るまで、多岐にわたる。それらのさまざまな形であらわれる公害と闘う基本は、「人民の連帯」しかない。その連帯をどう作るかについては、「すべて人権の立場に立てば連帯が可能である」ということが基本で「身分というものは特権の立場で、特権の立場に立つ限り連帯はできない」と言い切ってある。

山代は、ある保育園で起きた園児のヤケド事件に目を向けて考察する。

園児の両親は、子どもの人権を守るため、泣き寝入りをしないで裁判に立った。多くの親が子どもを「人質」にとられているからと、責任追及をあきらめ、泣き寝入りをする中で、「子どもの人権の側に立って、どんな犠牲をはらっても、責任の追及」をしたのである。この両親の行動は、きのこ会の親たちが、「加害者の責任を追求して、認定と補償のために戦って来たのと共通している」。どちらも「泣き寝入りを望む周囲の空気を蹴って、いままで例のない子どもの人権を守る側にたって立ち上がった」からだ。それは、「今日の子どもの人権侵害に対する闘いの原点」でもある。

なにか事が起きたときに、「決然と人権の側に立つこと、人権の側に立つ訓練を積み重ねること」が、「おっくう」根治の原点ではないか。

○「会報は生きもの」

山代は、水俣問題に取り組む石牟礼道子とも親交があった。

事務局が、「現在胎児性水俣病と認定される人が水俣に二十三人おります……」と親たちに呼びかけたNo.6とNo.7の会報を石牟礼に渡したいと考えている。

会報には、

「水俣病などの公害をもたらすものも、原爆をわたしたちの上におとしたものも、結局はその正体は同じなのだというところになかなか到達しない。そうならなければ『きのこ会』のこれからの運動の発展はないのだが」

「特に胎児性水俣病の子どもさんを持つ親の願いというのは、非常に『きのこ会』と共通のものがあるんじゃあないか……」

「親の気持ちとして通いあうものを皆さん方の方でいろいろ交流していただいて、一体こういうものがあっていいものかどうか、今後なくして行くためにもかなり気持ちの上で結びつくというのは、『きのこ会』にとっても大きな飛躍になるのではないか」

「水俣病と手をつなごうということは、なにもいっしょにやろうということじゃあない。『きのこ会』の方はこういう風にやっていきたい。水俣の方はこういう風にやっていきたい。それを話し合えばまた何か新しいものが出てくるんではないか……」

と述べられている。

それを読んだ石牟礼の意見と、水俣の会報について感じている山代の意見とを交換したい。直接親どうしが話し合うより迂遠な交流だが、これを互いの会報に持ち込むことはできる。

「会報は生きもの」だから、そこから互いの会の中へ意見の渦を起こすことは可能である。

「一人と一人が、どんな形でもいいから出来るところから結びつきの実践を重ねて行くこと。これが事務局の提案への協力ではないだろうか」。

きのこ会は泣き寝入りをしない原点を作ったのだから、その活動を記した会報は「生きもの」

であり、ほかの公害禍に闘う人たちへの激励にもなりうる。そのためにも、会報は、「生き生きと誕生させなければならない」と山代は結んでいる。

山代のなかには、隅から隅までの人々と手をつなごう、連帯しようとする姿勢とともに、個としての厳しさがあったという。

連帯の基本は、まず「個」として、ひとりの人として、自分の足で立つことなのかもしれない。

どんなときにも、決然と人権の側に立ち、強さと、優しさと、厳しさを兼ね備えた山代巴。きのこ会の親たちにも、「どんなに小さくとも、他へ倚りかかるのではなく、自分たちの足で歩きなさい」とメッセージを送り続けていた。

別れ際の潔さが、印象に残る女性だったという。

親たちの平和運動

山代の呼びかけは、親たちの心にどのように響いたのだろう。

即座の返答は記されていないが、五年後に出版された手記集『原爆が遺した子ら』は、その応えともとれるのではないだろうか。

誰にも言えなかった想いを綴った親たち。出版するということは、世に知れ渡ることでもある。それでも、「原爆小頭症」の事実を伝えるために、二度と繰り返さないために、決意した。大きな勇気であったに違いない。

そのほかにも、できる人が、できる形で運動していた。それを追ってみたい。

一九七〇年から、親たちはビラ配りをはじめていた。核廃絶に向かっての、きのこ会なりの運動の形。ビラは、四〇×三〇センチ。黒地の紙面中央に白抜きの筆文字（縦書き）。厚手の紙の立派なものだった。

二十五年前の
恐怖と怒りを呼び戻せ
真実を隠すな
人類の破滅に通じる
胎内被爆小頭児

原爆小頭児と父母の集まり
「きのこ会」

初めて街頭に出た日の模様を、秋信（風早）は「きのこ会会報No.6」に記している。

会を結成して五年目にやっとここまできた。七人の父母がビラをもって原水禁世界大会のひらかれた体育館前の広場に立った。八月の五日目の太陽は西にまわったとはいってもまだ高かった。みんなしきりに汗をふいていた。一見して労組の活動家とわかる若い男女や、各県の協議会の旗をもった中年の男女たちが三々伍々集まってくる。その人たちのもの慣れた空気のなかで、年老いた七人の父母は緊張し、動作もぎこちなかった。ほぼ九十度に腰をおってビラをひとりひとりの手にしっかりとにぎらす。ビラには慣れた人たちが、この場違いな丁寧さに恐縮した表情で迷いながらビラに目をおとす。

翌日には平和公園、天満屋百貨店前に立ち、三千枚のビラを配り終えた。

ビラの言葉を考えた畠中は、

「小さな会が、わずか三千枚のビラを配ったからといって、どれだけの反応があるというわけのものでもない。だが小頭児は小頭児の立場として、小頭児だけしか証明し得ない原爆の恐怖を、一人でも多くの人に知って頂き、それが核禁止への再知識ともなれば、私たちの小さな運動は大成功ではないかと思う」。(『原爆が遺した子ら』)

翌一九七一年、ビラの数は一万枚。

五~六日広島。七日岩国。九日は長崎まで、畠中、長岡、武史の母、幸子の母、誠治の母らが、夜行列車で足を運んだ。

「雨上がりの水たまりの舗道に捨てられたビラが泥に汚れて浮いているのを見ると、拾い上げて水洗いしてやりたい気持ちがする」。(『原爆が遺した子ら』)

一九七二年、三年目のビラ配り。百合子の父と妹、長岡らが三千枚を持って長崎に向かい、長崎在住の光宏の父と四人で、平和式典会場に立った。

一九七六年六月には、厚生省の佐分利衛生局長が来広し、被爆者との懇談会を開いた。長岡とともに、宮崎から佳一母子が駆けつけた。

被爆者の実態に即した援護法を求める声に対し、気持ちは充分理解できるが、一般戦災者との兼ね合いから、国としては現行二法の充実をはかることで努力したいという、従来どおりの返答だった。

懇談会が終わった廊下で、畠中が百合子らを連れて局長に語りかけた。

「この子が三十歳に見えますか。親が死んだあと、この子はどう生きていけばいいのでしょうか」

局長は、「遠くからよく来たね」と声をかけ、大きくうなずきながら表情を和らげた。

佳一の母は、後に事務局の大牟田に語った。

「佐分利さんは個人的には確かにこの子らのことは判っとる。じゃが、国が佐分利さんに手かせ足かせをはめて判らんような、煮えきらんような姿勢にさせとる。情けなか国じゃねぇ、戦争をやる時にゃ、ええ格好で号令ば、かけとって……」（『ヒロシマから、ヒロシマへ』）

佳一の母は、その前年に行われた被団協との初の統一陳情行動にも、佳一と上京し、厚生省で公衆衛生局長に訴えていた。

同行した大牟田は綴っている。

「三十歳に達しながら十二、三歳にしか見えない無心な表情の『わが子』の手を引くこの老婆には、局長の背後にあるこの国の本質が直感的にせよ、とらえられたに違いない。『ロッキードを買う買わんで湯水のごとく金を使うくせして、被爆者の問題になると予算ば出し惜しみする。被爆者は全国に散らばっとるうえ人数もどんどん減るし、選挙の票にもならんもんね』最後はちょっと自嘲気味に、それでも老婆はからからと笑った」。（『ヒロシマから、ヒロシマへ』）

一九七六年夏には、三木首相が平和式典の後、「被爆者の声を聞く会」に出席した。長岡が被爆者代表五人のうちの一人として首相と会見した。

「……四番目に長岡さんが立った。黒い喪服の身体が少し震える。『私は被爆当時、妊娠していて原爆に遭い、子を生みました。その子は原爆で知恵遅れにされてしまったのです。この子を抱えての三十年間、本当に苦労の連続でした。治療不能なこの子たちが、原爆医療法で守られていること。この矛盾をよくご理解していただきたい』わずか三十秒足らずの発言時間だったが、長岡さんはよく通る声で要点をぶっつけた。その一言一言に、三木さんは身を乗り出し、深くうなずき続けた」。

三木首相は答弁で、「『長岡さん、（原爆小頭症は）治療法など問題点があり、何か解決できる方法を考えている』と答えた。さらに田中厚生大臣が『これだけはちょっと、いろいろ考えていかねばならないので、今検討している』と補足説明した。この答弁に追い打ちをかけるように『今はもう待てないのです。よろしくお願いします』と長岡さんは三木さんに念を押し、会は終った」。（「きのこ会会報No.10」）

気持ちはあっても、表に出て運動できた親は、多くはなかった。

約半数は母子世帯だったが、健康な母親はいない。お腹の子は原爆症認定を受けても、母親は認定されなかった。ほとんどが申請さえしていない。とにかく働かねばならず、自分の原爆後障害には構う余裕もなかったのだ。

失対の土木作業や清掃作業に従事した陽子の母、武史の母、温子の母。体調不良で動けず、夫の年金と子の収入だけが頼りだった幸子の母。細々と小間物店を営む佳一の母。仕出屋を切り盛りした浩二の母。高齢で衰弱した京子の母。

父子世帯の信子の父も、日雇い労働。由美江の父は身体を壊し、失対もぎりぎりの状態だった。

父母が揃っていても、生活は厳しかった。

秋枝の父母は、セメント工場に勤めていたが、原爆後障害のため入退院を繰り返した。明の父母も揃って失対労務。誠治の父は石工、母は仕立物の内職。百合子の父母は理髪店。長岡の父は配管工、母は美容師。

どの親も、ゆとりのある仕事ではなかった。会合や運動に出るためには、何かを犠牲にしなければならない。それは肉体的にも経済的にも、容易ではなかった。それでも多くの親が、仕事を休んでも会合には出席した。「心安らぐから」という声がもっとも多かった。

平和への想いは同じ。「二度と同じことを繰り返してはならない」願いも同じだった。だが、子どもや自分が表に出て運動するのは拒む親の方が多かった。偏見や差別が、自分たち親子だけでなく、きょうだい、嫁ぎ先、親戚へと波及していくからであった。

大牟田も運動の難しさを記している。

「『この現実を広く知って欲しい』と誰よりも願いつつ、報道されることに親たちが実に臆病になっている　(略)　何回かの度重なる経験で、親たちも私も、雑誌やテレビで『原爆小頭症患者の姿』が報道されることによって、単純な憐れみだけがはね返ってきたり、時には誇張、そして甚しい場合にはねたみや家庭全体への差別感情が戻ってくることを知った」。(「ヒバクシャ第3号」）

「患者たちの現実を世界に知ってもらいたいとの願いと、親子の日常あるいは家族や縁者に向けられる地域の好奇の目との間で、親たちの心は揺れ続けてきた。会の一部の親からは閉鎖性が強すぎるとの批判もあったが、会自身は親と患者本位を貫いた。いかに反原爆のためとはいえ、私は親子に無理強いして世間の前に立ってもらうことは出来なかった」。（『ヒロシマから、ヒロシマへ』）

長岡も後に語った。

「私らの会がもりあがらないのは、やっぱり家庭事情だと思う。弟は広大行きよるのにこの子は……とか、嫁入り前の子が控えているとか、将来を考えるのが親たちじゃし、いろいろの問題が出て、無理はせんほうがええよということになった。集まれる人だけが集まって、行動できる人だけが行動しようと……」

会合に一度も参加できなかった親。手記や証言を寄せなかった親。会報に寄せた手記を本になる段階で踏みとどまった親。訴えることはいかに正当であっても、それができない、偏見と差別の壁があった。

第四章●二十歳をこえた子どもたち

親や新しい家族とともに

きのこ会が発足してからの十五年間。親たちが闘うなかで、本人たちは、どんな二十代、三十代を送っていたのだろう。主に、『原爆が遺した子ら』「きのこ会会報」からみる。

○幸子

病弱で、母の傍を離れられない。二十六歳頃から発作を繰り返す。

鳥が好きで文鳥をかわいがっているが、発作の起きる前は、「チッチッチッチッとやかましいね」と怒る。

雷を嫌うのは変わらない。「足のさきに雷が鳴る、雷が鳴る」という。

母は、雷が鳴ると発作が起きるのではないかと心配で、髪もたくさん抜けてしまった。

ひとつ病気がよくなると、また次が悪くなる。五つも病気を持っているといわれている。

○佳一

一九六六年、母から会への手紙。

「都会ならいろいろ職場も多く、佳一のためにも将来幸せになるだろうと、私も親の手もとから離してみる決心を一度は致し、（きのこ会の仲間のいる広島の授産施設）にも行ってみました。広島をたつまではそのつもりで、皆さんにもお願いしたのですが、汽車のなかで『かあちゃん、山の学校には行かせんでくれ。家でかあちゃんの手伝いを一生懸命するから』と、佳一に悲しみを訴えられ、気の沈んだようすを見ては、どうすることもできません。父を失い、母子二人で寂しく日々を送る私には、他に代わるべき子供もありません。どうか、せっかくのご親切にそむいたことを、お許し下さいませ」。（『原爆が遺した子ら』）

○光宏

途中入会。長崎被爆、長崎在住。

中卒後から、セメントブロック工場に通う。

はじめのうちは、ブロックを落として幾つも割ってしまい、「お母さん、失敗した、失敗した」とポロポロ涙をこぼした。

「さっそく一五センチの同じ重いブロックを用意して、薄暗い庭で、父と子は毎晩毎晩練習した」。母は掛け声をかけて応援。やがて工場でも落とさなくなり、元気に通うようになる。

それでも、天候にかかわらずの屋外での運搬作業はきつい。

「頭が痛い」、「腹が痛い」と帰ってくることもあった。

母は、熱もなく大丈夫なのを確かめると、工場に連れ戻した。

「お前が仕事をサボって何度帰ってきても、すぐ工場へ連れていくよ。仮病だってこと、お母さんの千里眼にはすぐわかるから」

「本当ね」とうなずいた光宏は、それ以来休まなくなった。

工場から傷害付の生命保険を勧められ、加入しようとしたが、原爆のせいで保険会社に断られた。

三十歳の頃、夏バテと肝臓を悪くして二か月ほど聖フランシスコ病院に入院。急性大腸炎も起こしていた。担当の秋月辰一郎医師に「このからだでは、今の仕事はムリですよ」と告げられる。たしかに、身長一五〇センチ、体重四二キロの身体では重労働には向かない。だが、知的障害のある光宏を、快く働かせてくれる職場を新しく見つけるのは困難だった。

給料日には、「ただいま」の声を弾ませる。

すぐ仏さまに供え「お母さん、仏さまを笑わせんばね」という。喜ばせるという意味なのだ。

三十一歳の春、仕事帰りの玄関をあけるなり、「十五年勤続のお祝いをもらって来たぞ」と駆け上がってきた。

封筒のなかには、工場からの祝い金、一万円札が数枚。

父は、「よく頑張ったものだと、不幸な運命に生まれ育った子だけに頭のさがる思い」がした。

特殊学級出身の子たちによる、月一回のグループ活動にも通いだした。喜んで出かけ、バトミントン、ピンポン、フォークダンスなどを楽しんで帰ってくる。

父は、知的障害者の結婚についての本も読んでいる。障害の重い光宏には、結婚は無理と諦めていたが、「このようなグループ交際から、光宏の行く手に道が開けてくれれば、親としてこんな嬉しいことはない　（略）　たとえ経済生活が確立されなくとも、生活能力に欠けるところがあったにしても、私たち年寄りはじめ、近くの親戚などが、暖かい目で見守って助けてゆけば、少なくとも今より幸せな日々が過ごせるのではないか、と一縷の望みをもっている昨今である」と手記に綴った。

○武史

途中入会。知的障害は比較的軽い。父は被爆死。母は原爆後障害に悩まされながら、失対の土木工事や荷揚げをして生計を支えた。病弱な武史を連れ、生活苦から、二度自殺をはかる。そのたびに助けられた。

武史は、中卒後、運送会社で運転助手を勤めたが、転倒事故で足に大怪我を負い転職。新しい仕事から帰るのは早くて夜十時頃。翌朝六時には起きて、職場に向かう。

事故をした足に水がたまり、指圧器をかけたり、全身に湿布をしたり、身体はきつそう。それでも決して、仕事を休むとはいわない。

手先が器用で、折り紙でいろいろなものを作る。日本刺繍は受賞するほどの腕前。母が息子の人並みの幸せを願い、知人の世話で三十一歳のとき結婚した。しかし、離婚。母ひとり子ひとり。想いあっているのに、短気を起こして喧嘩したり、ともに体調を崩して入院したりと、厳しい状態が続いている。

○由美江

きのこ会のなかでもっとも早く、二十二歳で結婚。理容技術を取得し、住み込みで働いたこともある。股関節脱臼の痛みが強い。二十七歳の時、次のような手記を書いた。

広島から大阪に出たものの、「夢も希望もなく、ぜつ望の毎日」だったが、同じ下宿でYと知り合う。

「Yさんに勇気づけられ、私はもう一度がんばろうとファイトがわいてきました。そして、しだいにYさんの人がらにひかれていったのです。しかし私はYさんにひかれながらも、この人とは一緒になれないのだ、なってはいけないのだと思って、何度も自分にいい聞かせてきました」。

「Yさんの強い愛に、私はとうとう決心し、親のもとへ連れていき引き合わせました。また

Yさんの両親にも会いました」。

「どちらの親もこの結婚には反対でした。でも、その反対がかえって私達を深くむすばせてしまったのです」。

「一年半して、やっと入せきしてもらった時、私はやっとこの人の奥さんになれたのだと思うとうれしかった。それから主人の母さんや妹、弟さんも、私達の所へたずねて下さるようになり、私はよかったと喜んでいました」。


その後、もともと悪かった足（股関節脱臼）に火傷をするなど、不運が重なる。

「なかでも一番のショックは子どもを流産した事でした。私たちの愛のけっしょうが消えてしまったのです。私達は性格的に正反対ですので、一度いいあいになるととまらないといった所があるのです。それからはなんども私達はいいあいをするようになりました。二度目の流産の時は、しぜんに流れてしまいました。ホルモン注射をしたにもかかわらず……。それ以来主人は、私が子供のできないものと考え、私をさけるようになりました」。

十二指腸潰瘍になり入院を必要とされるが、費用がなかった。実家の援助で二週間だけ入院。その後も一年間の通院を余儀なくされた。

夫が株に手を出し、何度も尻拭いをさせられた。五年の間に十回の引越し。出産のために貯めていた貯金も使い果たされた。

「三十すぎればもうおちついてもらいたいということ、そして私の願いは子供がほしいということ、主人にもっとやさしくいたわってほしいということ、株をやめてほしいということです」。

「私はバカですが好かれたい。その一言なのです。ですから、がまんできるかぎりがまんして、主人のいやみを聞いてやること、それで幸せをたもたれるなら……」。

「遠くはなれて、はじめて母が近くにいてくれたならと思います。でも母は母、父は父、私は私の生活があるので、相談といっても相談にはならないのです。いま思うことは、主人にも私にも意見して下さるような人がほしいことです。でも、今日も……あの人の子供がほしいと夢みている私なのです」。

手記を書いた四年後の一九七七年秋。由美江は三十一歳で、待望の長男を無事出産。

○**明**

一九七一年十月、二十五歳で結婚。塗装の雑役を続けている。

中学を未就学の明が結婚したということは、きのこ会の親たちに勇気を与えた。

「とても結婚なんかできないだろうと半ば諦めながら、それでも二十代も半ばを過ぎたわが子をみるにつけ人並み以上に結婚のことを考えるという不条理にひきさかれていた親のこころにほのかな灯がともされました」。（「きのこ会会報No.8」）

結婚式には、長岡と事務局らが出席。

明はモーニングを着た頬を紅潮させている。事務局が握手して「よかったなあ」というと、うれしそうに頷き、痛いくらいに逞しい手が力強く握り返してきた。

失対で働く父母に育てられた明は、小柄で痩せているが、労働で鍛えた強靭な体格をもっている。斜視と、上腕下腿の多発性骨腫瘤があって、骨腫瘤はひどく、何度も入院と手術を繰り返した。

朗らかで人なつっこい性格は変わることがなく、くじけることもない。素直な性格に雇主が心をつかまれ、一度も解雇されなかった。その雇主の骨折りで、結婚に至る。

新婦は耳が不自由だが、補聴器をつければ日常生活に不自由はない。早くに母と別れ、母代りに家庭を守り、和裁の学校にも通った。明より少し背の高い美しい女性。

スピーチが新郎の紹介になった時、媒酌人は、真っ先に明が「胎内被爆小頭症」であることにふれた。新婦はそのことを承知で、結婚を決意したのだ。

一抹の不安を抱えていた長岡たちは、「胸がつまる想い」に包まれた。「眼鏡をはずしてふくこともならず、とにかく立ち上がって」歌っていた。

明は、両親の住居と三キロ余り離れた市営住宅で新婚生活をはじめる。

やがて、新しい生命が宿った。

生ませるかどうか迷った両親は、「せっかくつくったのに、おろさん」という明の言葉に賭けた。

翌一九七二年、十月十五日、長男誕生。不安の翳はなく、心身ともに普通の子ども以上の発育をみせた。

一九七七年、次男誕生。やはり、健康な子どもだった。

父は白内障に悩みながらも、月に何度かは明の家を訪ねる。孫が泣いても、耳が不自由な嫁にはわからないことがあるので、近隣に事情を話し、助けを依頼してある。洋裁の内職を廻してくれる親切な隣人にも恵まれた。

ところが、一九七九年三月末、突然の不幸。自宅近くの川で長男が亡くなる。桜のつぼみも膨らみはじめたばかりの頃、散っていった、わずか七年のいのち。

それから一年。明の涙が届いたのだろうか……。

一九八〇年早春、長女誕生。

施設や病院で

授産施設に入所していたのは、正昭、京子、晴樹、陽子である。みな同じ、広島県立精神薄弱者施設（当時）大野寮。職業指導を受けながら軽作業を受け持ち、作業に応じて賃金が支給されている。

〇正昭

もっとも早い入寮。三年間の職業訓練の後、住み込みで商店に勤められるまでになった。結婚生活も期待されていたが、一九七〇年二月、慢性腎炎の悪化により、二十四歳の若さで亡くなる。母親想いの、優しい青年だった。

〇京子

十八歳で入寮。当時、寮生活は三年となっていたが、いつも遅れをとっていたため、延長を認められる。

規則正しい寮生活は京子には困難で、職員をてこずらせた。月一回の面会と、年に二度帰省した際には、「よくよく言い聞かせるのですが、一時は素直になっても、日が経つにつれて元の強情に戻ってしまう」。それでも、徐々に、紙箱つくりなどの単純作業ができるようになる。

一九六七年、京子の行末を案じながら、父が亡くなる。

母は、京子が家庭に戻ったときのことを考えると「つい頭も重く」なる。

きのこ会の会合には義姉が積極的に参加し、お茶の世話などに動き回る。母は「将来のある長男夫婦の足手まとい」にはさせられないと、「国の負担において生涯養育する施設」ができることを唯一の願いとしている。

○晴樹

二十一歳で入寮。「冬でも風邪ひとつひかないくらい」丈夫になった。

在宅中は、すぐに鼻血を出し、夏でも寒がって風邪をひいてばかりだったので、母も大変喜んでいる。

人なつっこく明るい性格は変わらない。寮の生活にもすぐ馴染み、畑仕事や家畜の世話、大工仕事などに従事する。

二十五歳の頃、プールをつくる作業中に吐血した。

作業を休んで寝かせられたが、翌日も「コップに三杯くらいチョコレート色の血」を吐く。

精密検査の結果は急性胃炎だったが、晴樹は母に「ボクはガンだから死ぬるんだろう」とさかんに聞いた。正昭が前年に亡くなったこともショックだった。

「そんなことはない」といくら説得しても、一晩中「もう死ぬる……」と言い続けた。

二週間余りで退院。再び元気な毎日を送る。

すっかり寮生活に慣れた晴樹も、月に一度、母が面会に来るその日には、「母親を乗せた施設の小型バスが峠を登ってくるのが見えるところ迄出かけて、いつまでもじっと待っている」という。

○温子

母は施設を切望していたが、発作があるため断られ、二十一歳で精神病院に入院した。五年後、事務局が病院を訪ねたときの様子を、会報にみてみよう。

副院長は、水俣病に詳しい熊本医大の原田正純の後輩。原爆障害にも理解が深い。その副院長によると、「精薄としては白痴クラスである（当時は医学用語として使用）。てんかん性格がはっきりでている。ひつっこい。ねばねばしている。おこりっぽい。ガラスをたたいたり、割ったりする。脳障害のひどい場合にのみおこる原子反射がみられる。小脳機能が大分おかされており、平衡感覚が失われている。脳波検査ではあきらかに発作波がみられる。健康問題ではときに肝機能が悪いことがある。治療としては四種類の抗痙攣《けいれん》剤投与をつづけている。その副作用として発語障害がおこることがある。『らりるれろ』などがうまくいえない口蓋障害である。発作がおこる前には、夜眠らないとか水をやたらに飲むとかする。発作がおこるともうろう状態となり下をむいてものを言わなくなる。じっと動かない。そしてごろんと倒れる。てんかんの発作をおさえながら、残された能力を開発していく。編物をさせたり、字を書かせたり、計算などをやらせる。ラジオ体操や散歩などで体力をつける」。(「きのこ会会報No.8」)


温子(二十六歳)の病室は、十人部屋で、高齢者の姿が目立つ。

見舞いに行った事務局に、

「おかあちゃん、日曜日に来ました。

ちゅうしゃいっぱいしました。

こないだ日曜日に来ました。

チョコレートやあめやミカンのかんづめをもって来ました。ここで買いよるんです。

仕事があるけえ来られんのです。

日曜日ばっかり来ます。」

と母のことばかり話す。

午後四時には夕食。自分で取りに行くのだが、温子は転んだりして危ないので同室の患者が運んでくれる。機嫌の良い時はよく食べるが、機嫌が悪いと食べない。服を脱いでしまう癖も治らないという。

自分の名前を書いてもらうと、難しそうにしながらも、一生懸命に書いた。

二度目の面会は、一か月近く食事をしないで点滴を続けていると連絡を受け、事務局が駆けつける。

予想外に元気で走り出てくる温子。同室の患者が温子の顔を足で蹴ったことが原因で、食事をしなくなったらしい。同室の高齢者が、夏になると衰弱して点滴を受けるのを見て、温子も同じように点滴を要求して困らせていた。今回、食事をとらず点滴になったことで、むしろ温子は機嫌が良い。

被爆から二十八年目の夏。夕方からは盆踊り。温子も浴衣を着て、紅い帯をしてもらった。ずっとなにか呟いている。

「おかあちゃんか、おもうた。おかあちゃんかおもうた……」

長いこと電話もないらしい。

「広島に帰ったらお母さんに言ってあげる」

というと、神妙に「ハイ」と答える。

涙を一生懸命にこらえているような、今までに見たこともない寂しさが全身をつつんでいる。

突然、「おとうさんがいない」という。「誰の？」と聴くと、

「うちの……原爆で死んじゃった。うちも市民病院、大学病院などに入院しとったが治らんけえ、ここへ入院した。治ったら帰れる」

盆踊りの稽古は、どんなに誘われても最後まで頑としてはねのけた。

「このような見事な頑固さをつらぬきながら沈黙したままで、十才くらいの少女としかみえない、この二十七才の娘は狂気の部屋のなかで生涯をおえるのであろうか。この沈黙の重さをしゃばにいる人間はどう受けとめるのか」。(「きのこ会会報No.8」)

それから数年後、大牟田の『ヒロシマから、ヒロシマ』には、反応がなくなり、「従順すぎて、ねじの緩んだ機械人形のよう」とある。あんなに待ち望んでいた母が会いに行っても「余り喜びもしない」。これが、同じ温子なのだろうか。

○**秋枝**

父母が交代で入退院を繰り返し、情緒不安定になっていた秋枝は、夜のネオンや蛾に怯え、ホウキを振り回して暴れるようになった。

父も貧血がひどく、月に十日も休まなければ持たないような状態。秋枝の不穏な行動による不眠が重なって、ついに、精神病院へ入れざるを得なくなる。

一九六八年夏、精神病院の車が迎えに来た。二十二歳の秋枝は、「だだをこねていくのを拒んだ」。母が入院中のことであった。

一九七〇年八月六日、原爆の日特別番組「面会室」（中国放送）で、秋枝の入院生活と父母の暮しが放映される。そのときのようすを、制作者のメモ（秋信と思われる）と、番組内容が掲載された「きのこ会会報No.7」からみる。

秋枝は、十畳以上の大部屋に六人で生活している。

起床は朝七時。寝起きがとても悪く、看護師を困らせる。食事は食堂が基本だが、スムーズにできないので、部屋でとる。体操も充分にできず、出ないこともある。テレビは熱心に視聴し、内容がわからなくても、みんなが笑うと笑う。相当前列で視る。

父母の面会を待ちわびている。面会に来ると父の手を握ってはなさない。母は食物の差し入れをし、秋枝の髪を撫でる。

父母は、面会に行った日には、夜遅くまで秋枝の話がつきない。秋枝の入院当初、父は、寂しくて仕事が手につかなかった。ひとり娘の秋枝の存在は、父母にとって余りにも大きい。

秋枝は二十歳のころ、優生手術で子宮を摘出された。悩んだ末の結果だった。「親から子へ子から孫へと受け継いで行くべき生命の泉を、自らの手で断たなければならなかった悲しみ」に、母は今も涙を浮かべる。

「取出された子宮は、とても綺麗だった」と父。

やがて母は、信仰に縋《すが》るようになっていった。

父と秋枝、面会の一シーン。

秋枝は父の手を握り、顔を覗き込むように近づけている。

秋枝「帰りたい」

父「秋ちゃん、今日はきれいなね……」

秋枝「お父ちゃんがええ、お父ちゃんがええ」

父「治ったらすぐに帰れる言うちゃった（言っておられたの意）」

秋枝「帰りたい」

父「看護婦さんや、先生の言うてのことをよう聞いて、早う良くなるんよ」

秋枝「仕事は?」

父「仕事はしよるよ、休みゃあせん」

「秋ちゃん今日……きれいなね……」

秋枝「帰りたい……」

父「まだ帰らりゃあせんよ……治らんと……」

目尻を拭う父。

番組の最後で父は語る。

「とにかくわたしらが、どんな難儀な仕事をしてもですね、この秋枝という娘はね、ただ一つの一つぶだねなんです。なさけないんですよ。それがね、どうかしてね、この娘を立派な娘にしてやろうと思って信心もします、ハイ、ただね飲ます食わすだけの養殖人間になってしもうとるのや、その養殖人間というのは世間の人が知らんのです。ハイ、それをみんなに知ってもらいたいんです」

想いを遺して

十五年間の会報に見るだけでも、六名の親がこの世を去った。

○**京子の父**

一九六七年、会が結成されてから、わずか二年後に亡くなる。

父母が高齢のため、世帯が兄弟に引き継がれ、京子は授産施設に入所していた。

○**陽子の母**

一九六九年春、四十七歳で永眠。もっとも若い母親だった。

高血圧と腎臓疾患に悩まされながら、子どものために入退院を繰り返した。

「腎臓の障害は（昭和）三十七年からはっきり検査されていながら、最後まで原爆による障害とは認められなかった」。（「きのこ会会報No.8」）

「いつも目を伏せ、頭をさげ、か細い声で感謝の気持ちをのべる彼女の口から原爆を呪い、国の被爆者対策をそしることばはついにでることはなかった」。（「きのこ会会報No.7」）

○**誠治の母**

一九七三年二月、心臓病で急逝。六十二歳だった。

会の設立当初から長岡と副会長を務め、親たちの信頼が厚かった。老いゆく親たちの落胆は大きく、夏に発行された会報では、二十頁余りを追悼に捧げている。その「きのこ会会報No.9」

から。

戦前から裁縫の先生をし、戦後も広島の山あいに居を移して、仕立物を内職として暮してい
た。誠治の兄と姉妹の五人はすでに独立している。

一月末の夕方、頼まれた仕立物を仕上げ、風呂敷包みを抱えて家を出た母は、山の畦道を下って街まで仕立物を届けた。夕食の買い物を済ませ、夫と誠治の待つ家路へと急ぐ途中、意識を失う。救急車で病院に運ばれた後、激痛に全身を海老のように丸めて発作を繰り返した。四日目には発作が鎮まり、回復するかと思われた。四人の娘は交代でつききりの看病をした。

それから五日間、母は、病室にコロコロコロと喉の音を響かせながら眠り続け、そのまま目覚めることはなかった。

「誠治君のことをあれほど気にしていたのに、セイジヲタノムの一言も残さなかった。最後まで死神を寄せつけようとせずたたかったのだろう。そして、まさか自分が死神にとっつかまるなんて考えてもいなかったのだろう。セイジヲタノムの一言よりコロコロを一遍でも多くと努力したのに違いない。セイジヲタノムよりコロコロを。原爆のなかで守り抜いた息子のために母親は壮烈に死と戦った」。

その日、「天気予報はくもりを告げていたが、小春日和の暖かな陽射しが広島をおおった」。

自宅での葬儀には、畠中、長岡、武史の母、幸子の母、晴樹の母、温子の母、京子の母らが参列した。誠治が「しきりに拳で涙を拭っている」。

きのこ会の弔辞を長岡が捧げた。

被爆後二十年間の苦悩と、初めて集えた時の喜び、三つの目標を掲げて七年半をともに闘ってきたことを語り、

「……その目標を達成せぬうちに、その道半ばで斃れることがあなたにはどんなに無念なことだったでしょう。あなたの無念さ、口惜しさは、また、私たち同じ原爆小頭症の子を持つ親だけにしかわからないものです。八月の暑い日、私たちは『原水爆の完全廃棄』を訴えて、夾竹桃が咲き乱れる長崎へ行きましたね。原爆小頭症の子を持つ親の訴えを、ビラの一枚にこめて、黙々と道行く人に渡しておられたあなたのお姿が目に浮かび、涙をこらえることが出来ません。○○さん、精一杯誠治君のために斗かって下さったあなたの志を継いで、私達は『きのこ会』を一歩でも目標に近づけ、子供達のことを心配することなく、親達が笑い声を交わせる日を来させるため今後も努力したいと思います……」

葬儀から二月後、憔悴しきった夫は、自宅を訪ねた事務局に漏らした。

「男のごけいうのはつらいですのお……。生きるのはつらい……つらい……思いますね……」

四女は、会報に「母は想い出のなかに生きて」を寄せた。

「今迄、私の知る限りでは、重い病気にはかかったことがなかった為、きっとすぐ治るであろうと楽観していました。（略）心臓が悪いと聞かされた時は、私も気が動転してしまいました。既に病気は悪化しており、次の日の朝、家族全員が集まるよう病院より連絡がありました。このように悪いとは夢にも思いませんでしたし、こんなになる迄放っておくなんてと思うと、返って母に対して腹立たしい気持ちがしました。でも、そのようになる迄気のつかない私達にも責任のあることなのです。父の入院している間、母はその事で大変でしたし、自分の体の事等、言っておれなかったのだと思います。（略）

私が病院に駆けつけた時には、顔はお多福のようにはれてしまって、手もしも焼けのように……こんなに変ってしまってと思うと、悲しくて涙が止まりませんでした。それなのに、母はきっと断片的に思い出すのでしょうか、考えなくてもいいような、台所の事等、『味噌はガス台の下にあるけえね』……意識がもうろうとしていても、母は、台所の主であり、陰の家の主であると、そして、私達の母親なのだと、つくづく思い知らされました」。

誠治の母が、亡くなる半年前に寄せた言葉。

「結婚して家庭を持てば親でも別居する世代に、なんで兄姉にこの子を任されよう。この子の生ある限り人間としてなすべき道は歩ませたいと思う。容姿形は如何あろうとも健康でこの子と将来を共にしてくれる嫁を迎えて、私はこの世を去りたいと念願しています」。

○秋枝の父

一九七六年十月、肝硬変のため病院で息をひきとる。

救援のため入市被爆した父は、一九六六年頃から母と交代で入退院を繰り返していた。

秋枝を精神病院へ入れた後は、寂しくて仕事が手につかなかった。

一九七二年、夫婦揃って入院していた病室を、見舞いに訪れた事務局の記録が「きのこ会会報No.8」にある。


「病院に二人でいることが唯一の安らぎになるのだろうか（略）自分の家にいるような不思議な落着きが二人の挙動のなかにある」。父は話すとき、「ベッドにきちっと正座していかにもこの人らしく折り目正しい」。

二十数年間勤めた建材屋をやめ、失業保険で暮している。退職金は六万円。これからは花売りをしようと考えている。妻の実家の生業が花屋で、妻には経験もある。うまく仕入れてうまく売れれば一日一〇〇〇円くらいになり、今までの賃金と大差がないと聞いて、これまでの工場の低賃金に驚く。「五十の坂を半ば以上もすぎた男が、いまさら花売りでもあるまいと思うが、童話的ふん囲気をもつ心の優しい〇〇さんには意外とぴったりした仕事なのではあるまいかと考えてみる」。

翌一九七三年春、山代と事務局が訪ねると、妻の実家に引っ越して花売りをしていた。「小さな乳母車風の車に花をのせて辻々で商う花屋さん」だった。山代たちは「今後とも健康であることを願いながら」宇部を去る。その三年後、父は亡くなった。

秋枝のことを、目のなかに入れても痛くないほどかわいがっていた。精神病院の面会にも、せっせと通った。原爆症の認定は、最期まで下りなかった。

○由美江の父

一九七八年夏、市内の病院で亡くなった。

被爆後から体調を崩し、入退院を繰り返していた。由美江の妹が亡くなったのをきっかけに飲酒がはじまり、母は家を出て再婚した。由美江は、いつも父のことを気にかけていた。

父の死は、由美江が大阪に出て結婚し、長男を出産した翌年のことであった。

○百合子の母

一九七八年暮、百合子の母・敬恵が自宅で永眠した。岩国で小さな理髪店を営みながら、いつも、百合子の傍に寄り添うようについていた。

母にだけは、百合子が黙っていても、何をしてほしいのかすぐにわかった。

「百合子を残しては死ねない」というのが口癖だった。

被爆直後、一歳の長男を原爆の後遺症で亡くし、次女・百合子を含め四人の姉妹を育てあげた。きのこ会設立当初から会長を務めた夫・国三とともに、反原爆の意志をしっかり持ちながら、平和運動の先頭に立つ夫を陰で支え続けた。

亡くなる五、六年前から腰痛があり、抜き差しならぬ状態になって、一九七八年六月に地元の医者に通い始める。十月には、大腿骨、足首、頭の骨に転移がんが見つかった。

国立病院での精密検査を勧められたが、本人の希望で受けなかった。検査の苦痛と経済的な気遣いもあったが、百合子をおいて入院する訳にはいかないというのが最大の理由だった。病状は悪化の一途を辿り、ひと間きりの部屋で、寝たきりの生活。

大牟田、文沢、平位医師らが、たびたび見舞いに訪れた。かかりつけ医も頻繁に往診した。事務局から原爆症の認定申請を勧められ、十一月中旬には申請。事務局、医師、保健所、県庁のチームプレーで、二週間余りという異例の速さでの申請だった。東京転勤の秋信は、厚生省の情報を送り続けた。厚生省から脊髄の水を抜く検査を要求されたが、検査に耐えられる状態ではないと、はねつけた。「この原爆症認定申請が却下された場合は、原爆症認定制度はこれでいいのか、という問題を世に問う」つもりだった。

敬恵の衰弱は激しく、別人のように痩せていった。全身の激痛で眠ることさえできない。家族は夜中も交代で、背や腰をさすり続けた。百合子も、さすった。

十二月二十六日、クリスマスの翌日。母・敬恵は、眠るように息をひきとった。

国三が、痛み止めの点滴の針を抜いて、客の待つ隣の仕事場に出たほんの一、二分のことだった。国三は、傍を離れたことを悔いた。

原爆症認定は十二月二十五日になされたが、認定書が届いたのは、年が明けた四日のことだった。

山口放送の磯野恭子は、百合子と敬恵を中心として、一九七七年から三年間、畠中家の取材を続けた。一九七九年三月に放映された「聞こえるよ、母さんの声が」は、芸術祭大賞を受賞。

磯野は、同名の著書を「せめてもの敬恵さんへのたむけ」として八月に出版した。十二月二十八日の葬儀の模様を、その著書から辿る。

中国地方の子守唄が流れる会場で、国三は片手に位牌を持ち、片手は百合子をかばっていた。その背中はいっそう丸く、痛々しく見えた。百合子は不安げに黒い数珠を持たされ、父の傍に座っていた。

「中国放送のスタッフは三人いた。うち一人は年配の記者ふうで、腕に黒の腕章をつけ、前列に座ったままほとんど動かなかった。カメラに指示するでもなくライトを持つでもなく、彼は故敬恵さんの写真の前にうずくまるようにして座っている。その姿勢には人を寄せつけぬ頑固さがあった」。

「先ほどの動かなかった人こそ（略）秋信利彦氏であった。やがて文沢隆一、大牟田稔の両氏が彼に協力する形で若い作家のグループの精神を引き継いで『きのこ会』の事務局を担当した。この日葬儀に列席したこれらの人々は、（略）原爆症で苦しみ続けた一人の被爆者の死を凝視し、座りつづけた」。

弔辞は、きのこ会を代表して長岡が捧げた。

「葬儀の儀式もようやく終るころ、一つのハプニングが起こった。参列者が一人ひとり立ち、一枝の榊を持って棺の中に入れ、百合子さんもお母さんに最後の別れをして、葬儀は終わるはずであった。父親の国三さんが百合子さんを立たせようとした。それまではいぶかしそうな顔をしながらも数珠を持ち、黒い服に身を包んでおとなしく座っていた百合子さんが、猛然と反抗した。それは髪を振り乱してのすごい形相だった。驚いた敬恵さんの姉二人も、かわるがわる抱きかかえるようにして連れていこうとしたが、逆効果だった」。

「身内の者がなだめたりすかしたりすればするほど、百合子さんは手がつけられなくなった。真っ赤にした目からは涙を流し、恨めしそうにいやいやをする。

『はあ、ほんに情けないのー。情けないで、父さんは』

百合子さんといっしょに国三さんも泣いた。喉からしぼり出すような、苦しそうな父親の声だった。三年の長い取材の間には一度も見せたことのなかった国三さんの涙を、私ははじめて見た」。

「百合子さんは、柩から離れようとしない。（略）声には出せないが、百合子さんの涙は、大人たちへ向けての精いっぱいの抵抗であったのだろう」。

「この子より一日でも長く……」その想いを叶えぬまま、旅立った親たち。

「自分だけの苦しみ」を抱えて生きた二十年間。

ともに集えた喜び。

力を合わせて勝ちとった、「障害は原爆のせい」であること。

閉じ込めた想いを手記に綴り、手記集『原爆が遺した子ら』も出版した。

次の気がかりは、親亡き後の終身保障。そして、核廃絶。世界中の誰ひとり、二度と同じ苦しみを味わうことのないようにと祈った。

どの親も、子どもにとって、家族にとって、きのこ会にとって、かけがえのない存在だった。

第五章●支える人びと

一九八〇年以降のきのこ会

いく人もの親を失い、山代が「生きもの」と称した「きのこ会会報」も、一九八〇年夏には途絶えた。年二回の総会と五年に一度の誕生会は開かれたが、会の活動は次第に弱まっていく。この章では、わずかに残された記録の中から、畠中国三の手記と、支援者たちの記録をもとに、会の歩みを辿る。

親の平均年齢は一九八〇年に六十三歳を超え、親亡き後の終身保障が深刻な問題として迫っていた。

一九八〇年八月、反核運動や障害者運動の盛り上がりから、原爆小頭症の問題が「24時間テレビ（日本テレビ系）」で取り上げられる。長岡千鶴野と畠中父子が出演し、終身保障と核廃絶を訴えた。

一九八四年六月には、八者協が被爆者援護策として国への要望項目のなかに入れている「小頭症患者の終身保障」の具体策を、広島県、広島市に要望。親の要望があればすぐ福祉施設に入れる施策と、原爆小頭症手当の大幅増額（当時三五一〇〇円）を求めた。

しかし進展はなく、四年後の一九八八年六月、秋信、畠中、長岡らが「せめて小頭症手当ての増額を」と、ふたたび広島県、広島市に陳情に行く。七月には畠中、長岡らが東京の厚生省まで足を運んだ。「まいた種はいつかは芽が出るものと、希望をもって生きて行きたい」。（畠中国三「続・片隅の記録」）

核廃絶のための平和運動については、きのこ会として行動を起こすことは減ったが、個人単位では続いていた。

畠中は、一九七九年に会長を長岡と交代した後、さらに平和運動に力を入れるようになる。毎年のように自宅へ平和学習の修学旅行生を受け入れ、岡山、島根、山口の大学をはじめ数多くの講演をこなした。一九八一年には、「聞こえるよ、母さんの声が」がベルリン未来賞を受賞。海外での注目度も高まり、国内外からの取材を受ける。

マスコミを通して百合子のことを知った人たちからも、自主的な取り組みがはじまった。百合子をもとにした構成劇が大阪府枚方市の中学校文化祭で上演され、徳山では、「原爆の子 百合子」（沖縄の詩人・芝憲子作詞、菅原豊作曲）のコンサートが開かれた。写真展も各地で開催されるようになる。

一九八三年には、反戦反核反公害の願いを込めて水俣に「海の母子像」が設置され、父は百合子を連れて除幕式に参加した。そのときの模様である。

会場には三百人程の人が壇上を見上げている。主催者が開会の挨拶をした後、司会者の紹介で国三と百合子が演壇に立った。約十分余り体験を話して演壇を降り、次の胎児性水俣病患者の坂本しのぶさんとお母さんのフジエさんと交替する。胎内被爆という戦争犠牲と、胎児性水俣病という公害犠牲との違いはあるが、同じように母親の胎内で受けた人生消失の重い犠牲を、なぜこれ等の胎児が受けなければならなかったのかと思うと、そのまますれ違ってしまうには忍びず、思わず百合子の手としのぶさんの手を取って握手をさせてしまった。母フジエさんが挨拶をしている間、横の椅子に座っていたしのぶさんが、すすり上げて泣いていた姿は、しのぶさんの胸の中に万感の思いがかけめぐっていたであろうと思うと、同じ胎内で被害を受けた子を持つ親として、いとおしさで胸がつまる思いがした。

（畠中国三「続、片隅の記録」）

国三に込み上げた想い。握手をかわした百合子としのぶ。山代や事務局が呼びかけた「水俣と手をつなごう」の第一歩。

父・国三は一九八九年（七十三歳）に白内障の手術をし、膝と腰も弱っていったが、「ひとりでも多くの人に、核兵器の恐ろしさを知ってもらうために」と活動を続けた。手記「続・片隅の記録」は、ペンを持つことができなくなる一九九五年九月まで綴られている。

支援者の記録としては、大牟田稔の原稿、医療ソーシャルワーカーによる相談援助報告や生活史の記録、中国放送制作のドキュメンタリーなどが残された。その他、大石芳野の写真集『HIROSHIMA半世紀の肖像』、中国新聞社『検証ヒロシマ1945—1995』にも原爆小頭症の問題がとりあげられた。これらの記録からは、個々の抱えていた具体的な問題がみえてくる。

医療ソーシャルワーカーの参加

一九八〇年以降、親自身が高齢化と疾病で支援を必要とするような状態に陥り、きのこ会は、地域のサポートなしに前に進むことができなくなっていた。

一九八三年、事務局の大牟田は、「もう僕たちで支えることの限界が見えてきた。社会福祉の専門家として協力してほしい」と「原爆被害者相談員の会」（以下「相談員の会」）に要請する。相談員の会とは、一九八一年に広島の有志医療ソーシャルワーカーが、各機関の枠を超えて、被爆者の相談活動と平和活動を実践するために発足した会で、主義主張に捉われない自由な相談活動を、ボランテイアで行っていた。

医療ソーシャルワーカー（以下「ＭＳＷ」）は、主に病院に配置される福祉の専門職。病気が原因となって起こる、暮しのさまざまな問題や不安を聴き、相談者に寄り添いながら、必要な社会資源につなげ、問題解決の後押しをしている。

一九八三年十二月、きのこ会総会に、初めて二名のＭＳＷが参加した。原爆病院の若林節美と広島市民病院の村上須賀子である。以下、ＭＳＷの目を通して、きのこ会の抱えていた問題をみていく。

総会に出席した村上須賀子は、テキパキとした長岡の司会のもと、参加者十一名から近況報告を受けた。

施設入所中、精神病院入院中、在宅で用便にも介護を要する人、働いている人、結婚している人等々（略）参加者十一名の人物名とその生活をメモするのに追われるばかりだった。個々人の能力レベルの大きな幅、そして彼らをとりまく家庭環境の違いもあり「原爆小頭症」と一言にはくくれない複雑多様さがあった。

議会議事も終り、最後に長岡さんは、グッと身を乗り出して「今日は特別に私達の力になっていただけるワーカーさんに来てもらっています。皆さんが一番悩んでいること、親なきあとの我子のことを正直に話してください。」と一人ずつ、「それで遺言はどこに？…

…、その見通しは甘くないですか……」などと問いつめ始めた。「とにかく私より早く死んでくれたらと思うとります。夜も眠れんことがさいさいで……。一緒に死のうかと思うこともあります。」とシワが深く刻まれた顔をうつむかせて語る人など、我が子のゆく末に不安をつのらせている親が大半であった。たまたま気立ての良い婿が、または心優しい嫁が来てくれて、兄弟がめんどう見てくれることになっているとの答えには、羨望の嘆息がメンバーの中に流れた。

（村上須賀子「原爆小頭症患者の現況とソーシャルワーク」）

村上らは、緊急度の高い人から個別に面接し、その後の相談援助活動（ソーシャルワーク）を相談員の会のＭＳＷで手分けして担うことにする。

相談を受けてもっとも驚いたのは、「知的障害、身体障害（股関節脱臼など）がありながら、療育手帳、身体障害者手帳や障害年金、それに作業所やホームヘルパーなどの社会福祉制度の活用を全くしていない人々がいること」だった。原爆被害に目が向きすぎたためか、障害者問題としての視点が弱く、団体との連帯も薄く、援護施策の情報が行き届いていなかった。その代り、事務局の大牟田のもとには、家庭内トラブルから財産問題まで多種多様な相談が寄せられていた。

村上は「要職にありながら長期間、支え続けてこられたお人柄に脱帽するばかり」だったが、もはや個人の努力やボランテイアだけで支えられる限界を超えていた。全国各地に散在する小頭児の親子を支える、地域の福祉ネットワークづくりが早急に必要だった。

ＭＳＷは、常に対象者の問題を多方面から検討しなければならない。村上は、「胎内被爆小頭症には障害者福祉の面から、またその親たちは高齢者福祉の面から、ぐるりと円を描いた中心に対象者とその家族を位置づけて問題を整理」し、援助方法を考えていった。

具体的にどのような問題が起こっていたのか。『被爆者とともに』に村上がよせた雪代の事例をもとにみてみよう。

①訪問のきっかけ

一九八五年六月の総会で、「電話の声が弱々しく、疲れ切っている様子だっ

図1）村上須賀子作「被爆者援護の医療福祉ネットワーク」

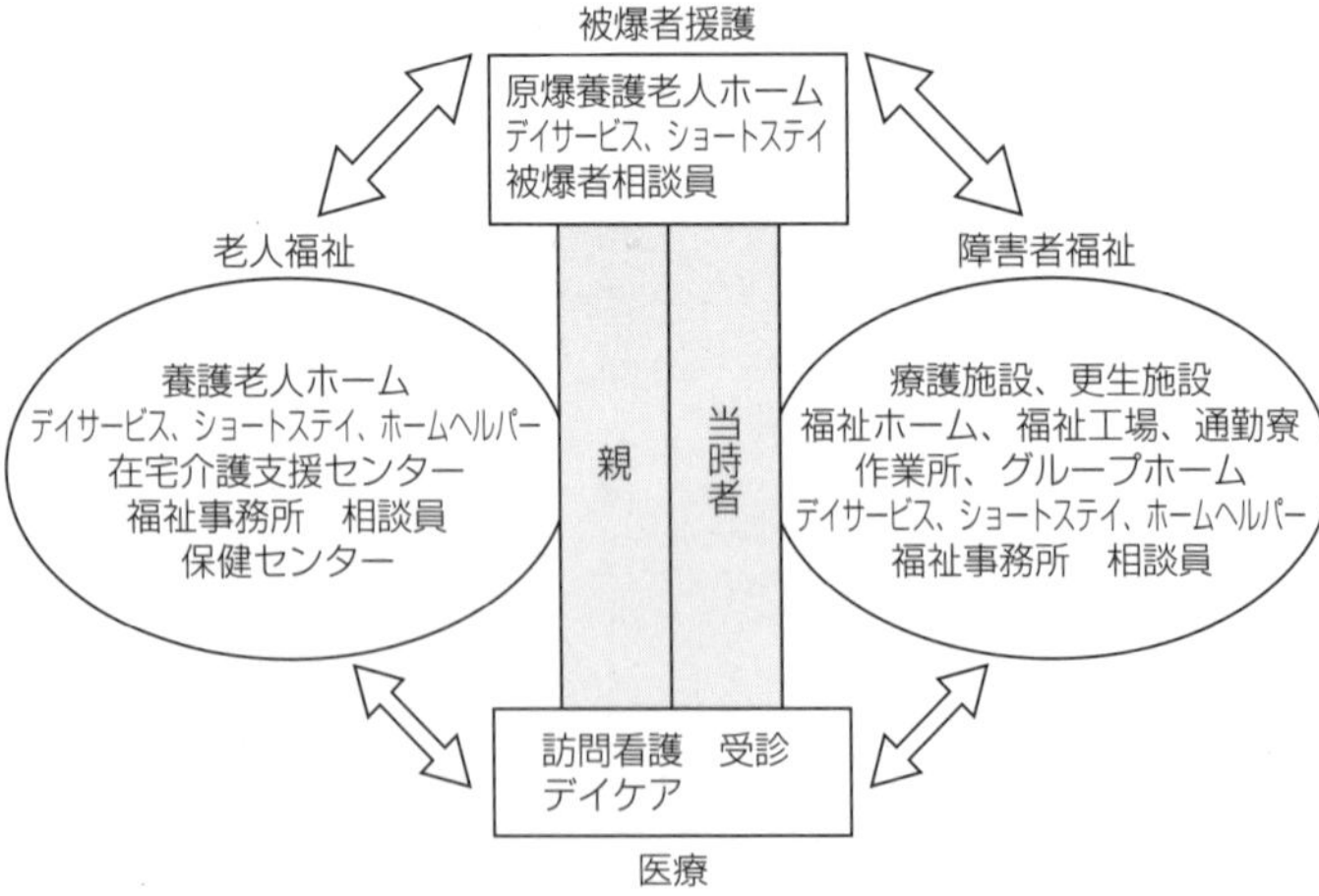

村上須賀子「危機への医療福祉的接近法」『医療福祉学概論』（川島書店）より

た」と雪代の欠席について長岡から報告がある。村上は、「何か問題をかかえて困っているのではないか、疲れきった声はＳＯＳのサインではないだろうか」と気に掛かった。

雪代は三年前、三十六歳で入会したばかり。家族状況や、抱える問題について、きのこ会でも充分に把握されていなかった。村上は、大牟田に案内を依頼し、相談活動のボランテイアとともに家庭訪問に出かける。

②家庭訪問

古い造りの棟続きの市営住宅の玄関先で声をかけるとすぐに、小柄な雪代さんが迎え入れてくれた。一歩入ると、四畳くらいの板場に、流し、冷蔵庫、テレビ、食器棚がぐるりと配置されており、いったいどこに座ろうかと戸惑ったが、こんな時には「どうも、どうも」と言って座り込むことにしている。

病院の名刺を出し、簡単な自己紹介の後に、私はどんどん雪代さんの生活に入り込む質問を続けていった。休暇をとって、長時間バスにゆられて度々家庭訪問することは困難だと思われるので、初回の面接で問題点を明らかにし、方針を立てるまでにしておきたいと考えたからである。

ご主人も小さなテーブルを囲んではいるが、時々相づちを入れてくれる程度で、主に雪代さん自身がゆっくり言葉を選びながら話してくれた。

③当時の状態

雪代は当時三十九歳。低血圧・頭痛などで、かかりつけ内科を受診中。夫は四十六歳で神経内科受診中。長男（中学一年）、長女（小学四年）の四人家族。収入は、夫の傷病手当と、雪代の医療特別手当、原爆小頭症手当だけが頼りという状態であった。

④生活歴

雪代は、胎齢三か月、爆心から一二〇〇メートルで被爆。父は被爆死。広島県郊外で、三人姉妹の末っ子として誕生した。小柄で華奢な雪代は、生まれたときから「とにかく、こまい子で、親にも似とらん子」だった。股関節脱臼があり、幼少期には半年間ギブスをはめる。中学の遠足では、急に足が立たなくなって入院した。

中卒後、集団就職で広島市に出るが、「つらい目にあって」長続きせず、帰郷。近所のスナックでレコード係をしていたが、二十歳過ぎから手がしびれるようになり、原爆病院に入院。手術予定日の前に心臓発作を起こし、手術ができないまま退院した。

自宅療養中、激しい頭痛に襲われ神経内科の病院に入院。数年を経るうちに「すっかり病院の方が良くなって、退院許可が出てもぐずりぐずりしよった」。そのころ、病棟の婦長に紹介されたのが縁で、同病院の患者と結婚。七歳年上の調理師で、院長も推薦してくれた夫である。その夫の勤務の関係で、二十五歳の時、ふたたび広島市に出る。

原爆手帳によると、雪代は、一九六八年、二十二歳で「近距離早期胎内被爆症候群」の認定被爆者。だが本人は、股関節脱臼で認定されたのだと思っていた。何年か後、原対課の保健婦から、原爆小頭症による認定であることや、きのこ会の存在を知らされ、一九八二年に入会となったのである。

⑤現在の問題と方針

雪代の話を聴いた村上は、現在（一九八五年）の問題は、「一家の柱であるご主人が一九八四年二月末、眠れないことを契機として持病を再発。今までも『何とか親の援助』で保ってきた一家のバランスは、たちまち崩れ始めた。ご主人の入院後の三月から一九八五年四月の間、入院という事態もあり、子どもたちの世話、経済生活面での行き詰まりなど、大きな嵐が吹き荒れたようだ」と分析。五つの計画を雪代夫婦に提案した。

①金銭面については、生活保護の申請をしてみてはどうだろうか。

②傷病手当の受給期限切れ以降は障害年金の申請が可能と思われるので、その時には手助けを

しましょう。
③雪代さんの家事負担軽減（股関節を主としての足腰の痛み、頭痛、疲労）を目的として、ホームヘルパーを申請してみてはどうだろうか。
④ご主人の社会復帰にむけて、担当保健婦さんと話し合って何かプログラムを考えてみましょう。
⑤雪代さんの精神的支えとして、ボランテイア講座ＯＢ会のメンバーが話し相手になりましょう（生活のあれこれを考えていると情緒不安定になって、夫や子どもたちに「あたる」ことがあるから悩みの聞き手として）

村上の提案に対して、雪代は、ヘルパー申請だけは「どうも気がねで」というので、見送ることにし、それ以外は同意した。⑤が受け入れられたのは、同行したボランテイアが「気持ちがいっぱいになった時など、お電話して下されば、お話し相手くらいにはなれますよ」と電話番号を書き渡し、「物静かな口調で語りかけて下さったのが大きく作用している」と村上は記している。

⑥生活保護申請見送り

翌日、村上は生活保護基準を計算し、生活保護申請が可能であることを雪代に電話する。支出が収入を上回っていた。

福祉事務所担当者に連絡すると、一年前にも原対課から連絡を受けて行ったが、生命保険加入などにより申請できなかったという。現在の生活保護制度では、生命保険は資産とみなされ、第四条「保護の補足性の原理」により解約し、返還金を生活費にあてなければならない。しかし雪代は、「私たち夫婦は病気もちだから、一度解約したら二度と生命保険に入れんので」と解約の決心がつかない。夫が再就職してくれればという期待もある。雪代夫婦にとって、万一の備えであり、自立していくためにも必要不可欠な生命保険を、生活保護を受けるために解約することはできなかった。

生活保護申請は、傷病手当が切れるまでに考えることにして、この時点での申請は見送った。

⑦援助活動は続いて

ひと月もしないうちに、雪代の夫から緊迫した様子で電話があり、村上が駆けつける。雪代は、横になったまま起き上がれない状態だった。

かかりつけ内科医に電話すると、医師が反対したのに、暑い盛りに里の墓参りに動き廻った「夏バテ」だという。「親戚のように事情がわかっている様子の主治医の声にホッとした」村上は、「症状的に問題がなければ、安静がとれるように手だてをすれば良い」と、その場でホームヘルパー申請の電話をし、当面の家事手伝いを、同行したボランテイア講座ＯＢ会の女性に任せた。

それから三か月の間に、雪代の「H病院神経科への転医相談、夫の傷病手当切れ後の障害年金または若年老齢年金の申請援助」などを行った。

その後も、雪代とのかかわりは続いている。泣き腫らした目の雪代が、村上の勤める病院の相談室に駆け込んで来たこともあった。その都度、耳を傾け、対策を雪代と一緒に考える村上である。

報告書の最後に村上は綴った。

小廻りのきく援護体制を

親なき後の問題は、きのこ会発足当初からの基本命題である。親たちはこの五十年間にそれぞれ老い、もはや物心両面の援助者ではなくなってきている。「とにかく私より早よう死んでくれたらと思うとります」「考えてもみて下さい。子どもから小遣いのひとつでももらおうかいう歳になっとるのに、まだまだ子どもに仕送りしたり、家事の手伝いに行ったりせにゃあならん」「気が休まる時がないですよ」と親の嘆きを多く耳にした。

雪代さんの場合も、以前は赤字の家計を補ってくれたり、雪代さんが倒れると手伝いに来てくれていたお母さんも老いて、遠く県の郊外からは助けに来てもらえない。被爆者援護が単に金銭援護だけでは不充分で福祉サービス、特に人的サービス面の強化が急がれなければばならないことを示している事例だ。しかも、そのサービスも、ＳＯＳが発せられて即座に対応できるものでなければならない。その点、私たちの相談員の会の援助機能として直ぐに快く動いてもらえるボランティアグループのメンバーひとりひとりが、非常に頼もしい存在となってきている。

⑧報告書から

込み入った感情も、耳を傾けてくれる人に話すことで、少し距離を置いて自分をみることができる。ＭＳＷの村上がかかわることによって、雪代の気持ちが落ち着き、問題が整理されていく様子が伺える。緊急度に合わせ、それぞれに対応する手立てを考え、医療や福祉機関に連絡、調整を図ることによって、事態も少しずつ改善される。なにかひとつでも道が開けると、流れが変わることもある。

もちろん、次から次へと問題は起きるかもしれないし、制度の問題点も出てくるかもしれない。たとえば、生活保護制度は、本来、自立を促すための制度であるはずなのに、自立を阻害してはいないか等。しかし、それを挙げていけば制度改善の一歩にもなり得る。相談者とじかに関わるソーシャルワーカーは、いま、現場がもっとも必要としている施策を身に沁みて知っている。その現場の叫びに、耳を傾ける行政であってほしい。

村上が訪問活動をするきっかけは、雪代の声が「弱々しかった」という報告に、ＳＯＳのサインを感じとったからである。相手から訴えがなくても、感じとる力がソーシャルワーカーには必要だと思わされる。また、ボランティアなど周囲を巻き込んでいくことも援助の幅を広げることになる。村上は、ボランティアに対しても、その人なりの持ち味や良さを認め、それを生かす働きかけをしている。支援する、されるの関係以前に、人は互いに影響しあうものだけに、この視点も重要だと感じさせる。

相談活動の市民ボランティアは、相談員の会のＭＳＷたちが養成講座を設けて育てていた。だがその後、講座を維持することが難しくなり、二〇〇五年現在は機能していない。有志ＭＳＷらの想いが、広く市民の意識を育てるチャンスだっただけに、悔まれる。

新しい仲間と援助活動の広がり

雪代の例にもあるように、会員個々に個別の問題を抱え、制度が充分に機能していないことが予測された。

一九九五年五月、村上は平位剛医師と、広島被爆の会員十八名の「五十年目の医療・福祉調査」を行う。村上の転勤先の院長が、偶然にも、きのこ会の認定申請に深くかかわった、元・

広島大学の平位剛医師だったのである。

会員の生活実態が気がかりだった二人の思いは一致し、連休を利用しての調査が決まった。医療面は平位、福祉生活面は村上の担当。調査対象は十九名だったが、直前の二月に、秋枝が宇部の精神病院で死亡していたことがわかった。

村上の調査結果によると、十八名中、両親健在は一名のみ。両親死亡四名。不明一名。片親十二名。養護ホーム入所中、老人病院入院中、認知症の出現のある親を除くと、小頭症児を援助できている親は四名にすぎなかった。保護者がきょうだいの代に移っているのは六名（三三パーセント）。親の平均年齢は七十八歳を超えていた。

すべての家族に共通して、将来への不安が強く、年老いた親も、後を継いだきょうだいも、「この子より一日でも長く生きてやりたい」と漏らした。「必要になればいつでも、原爆被害と障害とを理解してくれる施設に入れるようにしてほしい」との要望は、十八名中九名で五割。きょうだいが保護者の場合は、六名中五名と、ほとんどが施設を希望していた。

社会資源の未申請項目は十四件。内訳は、療育手帳二件、身体障害者手帳二件、障害年金三件、介護手当七件であった。医療面は省略するが、腎臓透析中のものが二名あった。

これらの福祉施策はすべて申請主義が原則だが、当事者には申請能力が欠けている場合が多く、すでに年老いた父母も複雑な手続きは困難である。この未申請項目へのソーシャルワーク援助が村上らＭＳＷの仕事となった。

雪代のほかにも、ＭＳＷを通しての新しい入会があった。

○春恵

『被爆者とともに』の若林と村上の報告に詳しい。

北九州市に住んでいた春恵は、一九八八年、四十二歳できのこ会に入会した。

母は広島で被爆し、夫を原爆で失う。障害のある春

表2）村上須賀子作　「きのこ会」被爆50年の福祉調査結果表

住所地	番号	療育手帳	身障手帳	障害年金	介護手当	既婚	父	母	保護者	希望
広島市内	1	B		?	?	○			姉61才	施設
	2		1－腎	?		○				未定
	3	A		?	?			83才	兄55才	施設
	4	A		○	?				妹44才	在宅
	5	B		○	?			76才		施設
	6	B	4－肢	○	?			75才		在宅
	7						74才	72才		在宅
	8								兄58才	施設
広島市外	9	?	5－肢	○	○				兄52才	施設
	10	A		○	入所			78才		施設
	11		?			○		87才		未定
	12	A	3－肢	○	入所			93才	兄65才	施設
県外	13	?	1－腎	○	?			84才	叔母70才	在宅
	14		5－肢			○		73才		未定
	15					○		70才		在宅
	16	B	6－聴	○	?			73才		施設
	17	A		○	○			不明	叔母68才	施設
	18	A	?	○	○		78才			在宅

?　該当すると思われる　　　　　父母平均年齢78.3才

恵を連れ、職を探し求めた末、北九州市で社宅の寮母の職を得る。住み込みで二十一年間働き通した。六十五歳で左大腿骨を骨折し、退職。老齢年金だけが頼りとなった母は、春恵の将来が心配になり、北九州市の被爆者相談窓口を訪ねる。しかし適切な答えを得られず、広島の被爆者団体の相談所に電話をして、原爆病院MSWの若林を紹介されたのである。

春恵は、色白で、おっとりと優しい。心を溶かすような、やわらかな笑顔。発育不良、虚弱体質のため、二年遅れで小学校に入学し、中学を卒業したのは二十一歳だった。その後、五年間和裁を習ったが、「一枚として縫い上げることはできなかった」。料理は母親に教わって、味噌汁、卵焼きができる程度である。

若林はすぐに、「近距離早期胎内被爆症候群」としての認定申請を進め、翌一九八九年、認定となる。療育手帳、身体障害者手帳、障害年金も一挙に手続きがすまされた。被爆から四十三年後、四十二歳にして初めて、援護策につながったのである。

その後、母は脳腫瘍の手術などで二度の入院を経験し、春恵の行く末の不安から、原爆に理解のある広島への移住を強く希望するようになった。五十年調査をきっかけに相談を受けた村上は、ケアハウスへの入居を検討したが、高齢者のための施設とのことで、母娘での入居は許されなかった。かろうじて県営住宅に入居し、春恵は障害者作業所に通うようになる。

初めての給料を手にしたその日、春恵は母に駆け寄った。「ねえ、ねえ、母さん。私の瞳を見て、じっと見て。私の瞳は輝いているでしょ」

村上の橋渡しによって、五十歳を過ぎて初めて、自分で働いた報酬を手にした春恵。その報告を喜びながらも、「詮無いことと知りつつ、もっと早くにソーシャルワーカーとの出会いがあれば、違った老後があっただろうに」と「あまりの長き援護策の不在」を悔む村上である。

○里美

一九七九年、三十三歳の時、診療所の医師の勧めで、近距離早期胎内被爆症候群の認定を受けた。先天性股関節脱臼と悪性の貧血がある。母は爆心から八〇〇メートルで被爆。戦争から復員した父は、里美に社会生活を身につけさせることを、いつも真剣に考えていた。だが一九七七年、病死。二人の弟はすでに結婚し、父の死後は母と里美の二人暮し。

里美は、大らかな笑顔。思わず頼りにしたくなるような存在感がある。軽度の知的障害はあるが、幼稚園から中学まで普通学級に通っていた。小中学校は皆勤賞。友だちに支えられ、遠い中学校まで三年間歩いて通学。真冬でも、汗で下着はビッショリ濡れた。

中学卒業後、県立障害者訓練所を経て、裁縫工場に勤める。里美の将来を考えた父が、共同生活を経験させることを決断したからだ。寮生活も十年近く経験。寮生は女子だけで三十〜四十人。里美は四人部屋だった。休みには寮生に連れられて家に帰り、「帰ってくると、楽しいことばかり話をして、いやな話は一度もしたことはなかった」。父の望んでいた協調性も、やりとげる力も身についた。

三十歳を過ぎた頃から貧血が悪化し、外出時には、かかりつけ医の手紙が離せなくなる。

一九八三年、親亡き後を心配した母が、相談員の会を通じて、病院の相談室を訪ねた。もしもの時は、二人の息子がみてくれるというが、母の眼からみると、里美は理解力が乏しく、気がきかないところもあるので、嫁の重荷になるのではないか。せめて昼間、どこか通えるところがないか。必要なら施設入所も考えるということだった。

担当のMSWは、里美の持病である悪性の貧血が、生涯、病院と縁の切れないものであることを考慮し、自宅近くにできた作業所を紹介する。里美は喜んで通うようになり、きのこ会入会後は、陽子も同じ作業所に誘った。それ以降、ずっと同じ作業所に通い続けている。

黙々と仕事をする里美は、メンバーのリーダー的存在。クッキーの商品化に向けた試作を任されたこともある。

自宅に戻ると、可愛がっているインコのリリーに、その日の出来事を話す。三十分以上もおしゃべりが続くこともある。父を亡くした後、仕事から帰る母を待つ寂しさを癒してくれたのが、リリーだった。

母は七十歳になる前に、大学ノート十七ページにわたって手記を書いていた。二〇〇一年、八十二歳の母の原爆症認定の申請にかかわったMSWの三村正弘は、記憶の薄れた母から手記を渡される。そこには、被爆当時のことが詳細に綴られていた。三村は、「このまま埋もれさせるには偲びがたく多くの人に読んでほしい」と、母の了解を得て、相談員の会の機関紙に掲載する。手記の終盤で、母は里美のことを綴っていた。

原爆小頭症による心身障害者の娘であるが、みなさんから幸せをいっぱいもらって育った。本当に幸せ者の娘である。（略）

今も毎日喜んで作業所に通い、わずかでも工賃を頂いて自分の欲しい物を買ったり、遊びに行ったりの費用にしている。作業所は娘の最高の仕事場、よく今日まで頑張ってくれたと、感謝している。

どうかこれからは二度と、戦争なんてしないで下さい。戦って良い想い出はひとつもありません。一日でも元気で仲良くすごしたいと思っております。作業所のみなさま、どうぞこれからも助けてやって下さいませ。よろしくお願い致します。

（「ヒバクシャ第20号」）

三村は、母の手記をもとに、二〇〇二年一月、胃がんで原爆症認定を申請したが、四月上旬に却下される。すぐに異議申し立てを行ったが、返事はまだない。

MSWたちは、その他の会員家族に対しても、個別に援助活動を行ってきた。生活史の聴きとりを行う過程で、差別や偏見といった社会の問題や、制度の問題にも直面した。武史と母の支援をしていた若林節美は失対についても触れている。

武史の母は、一九四六年から、武史を背負いながら日雇い（一九四九年からは失対）の土木作業に従事した。十年後には失対だけでは生活できなくなり、昼は失対、夜は港での荷揚げ作業をこなすようになる。そして一九六五年、四十七歳の時、急性リュウマチにかかり、退職するのである。約二十年間、男性にも負けない肉体労働を続けた末のことだった。

武史の母と同じように、夫を亡くし、失対に従事し、弱った身体をさらに弱らせ、死に至らせた母たちが、きのこ会には少なくない。

その失対についての若林の見解を、『被爆者とともに』から引用しよう。

広島市の発行する『失業対策事業の概要』には冒頭に「広島市の失業対策事業は、昭和二十四年の『緊急失業対策事業法』により、失業者を吸収し、……平和記念都市の建設と地域社会の環境整備に寄与してきた」とある。

ちなみに、武史の母が勤めていた一九六三年をピーク（七五一〇人）に失対事業登録者数は年々減少し、特に一九八五年から年齢制限により急減している。そして一九四九年の「緊急失業対策法」制定いらい、失対登録者の五割〜六割は被爆者で占め、しかも女性が圧倒的に多い。

一九六九年の広島市の調査によると、失対で働く被爆者のうち約六割が「元気でない」あるいは「病気がち」という結果である。

この調査から、そして武史の母の話から、原爆で働き手を失い、被爆した女性たちが子供をかかえ、病気と闘い、血のにじむような努力のなかで広島が復興してきたと言っても過言ではないことが、よくわかる。武史親子も広島市復興のために多大な犠牲をはらったのである。

そして、一九九五年に平位医師と村上ＭＳＷが行った五十年調査の結果は、利用できる制度が充分に生かされていないことを垣間見るものであった。村上は、「ソーシャルワークの欠落は単に制度活用の遅れのみならず、自立支援のための学習、技能習得訓練などの機会が発達のタイミングに合わせて提供されなかった意味でも、より口惜しいものがある」と述べている。

村上らMSWは、調査の結果を生かすためにも、広島市に提言をした。
①小頭症患者とその老親をも視野に入れて、原爆被害者対策、障害者対策、高齢者対策等の連携および充実を図ってほしい。
②原爆被害対策部被爆者相談員の保健婦十二名中一名は、小頭症患者専任の相談員としてほしい。
③「小頭症患者支援協会」(仮称)を結成し、それへの助成をしてほしい。(『医療福祉学概論』)

これを機に、保健婦を交えてのネットワーク会議が持たれるようになったが、村上が広島の病院を退職した後は継続されていない。前記の要望に対しても、格別の進展は得られなかった。担当者が変わろうと、行政サービスとして社会福祉援助が継続して受けられるようなソーシャルワーカーの配置が望まれる。

親の高齢化と死去に伴い、きのこ会の存続もいよいよ危ぶまれるようになっていった。

一九九六年、きのこ会五十歳の誕生会の席上で、村上は、次のような趣旨で「きのこ会を支える会」の結成を呼びかける。
①当事者別の個別の支援ネットワークつくり

②個々の家族史または自分史つくり支援
③「きのこ会」支援のためのボランテイア要請
④「きのこ会」支援のための広報など

この呼びかけに、当日参加していた小頭症患者の作業所や施設関係者、MSW、医師、被爆者団体の職員、個別にかかわってきたジャーナリストなど、十五名の賛同者があった。会員からも了解が得られ、ボランテイアグループ「きのこ会を支える会」(以下「支える会」)が発足する。

その後「支える会」では、毎月一家族ごとの関係者によるネットワーク会議を重ねた。一家族ごとに、個別に問題を整理し、ニーズを明確にし、支援策を描いていく、きめ細かな取り組みである。村上が宇部の大学に転勤になってからは、ネットワーク会議は開かれなくなったが、MSWたちによる各家族への支援は続けられている。

近年になって、家族を支えるだけでなく、きのこ会のことを後世に伝えていくための取り組みもはじまった。設立当初からかかわった秋信らにも執筆を求め、きのこ会の歴史を、当事者の言葉で遺しておくことと、家族史つくりなどが計画されている。文章だけでなく映像の記録も、中国放送の平尾直政が、松永英美の後を引き継いで十五年以上にわたって撮り続けている。

記録を続ける制作者たち

元・中国放送のディレクター松永英美は、一九六六年、きのこ会成人式の取材で初めて小草信子に出会い、その、「けがれのない少女のような笑顔」がやきついた。多くのマスコミが一時的な取材で通り過ぎていくなかで、松永は三十年以上も信子の取材を続け、退職した後は、個人的に支援を続けている。

同じ中国放送のカメラマン兼ディレクターの平尾直政も、松永との仕事が縁で、一九九〇年から十五年以上にわたって、信子を中心にきのこ会を記録し続けている。

この二人が取材したものが、以下のテレビドキュメンタリーと、ラジオ番組になった。

○構成：松永英美、演出：平尾直政「ひとりぼっち　原爆小頭症信子」（1997.3.2.）
○構成演出：平尾直政「小さな島の片隅で　原爆小頭症信子」（2002.8.6.）
○構成演出：平尾直政、ラジオ「きのこ雲の下に生まれて」（2004.8.6.）

いずれも、制作著作は中国放送（ＲＣＣ）。

「小さな島の片隅で」は、平成十四年度文化庁芸術祭参加作品で、ギャラクシー賞を受賞した。

四十年近く支援を続けている松永英美は、番組のなかで語る。

「二十歳の頃の、けがれない少女のような笑顔がすごくやきついていて、たったひとりで夜を過ごす信子さんの、『果てしない孤独』のようなものが感じられて、腹立たしくなる……。それは、彼女に対してではなく、『どうしてこういう人がつくられてしまったのか』ということへの怒りみたいなもの。それでも、何もしてあげられない……」


カメラマン兼ディレクターの平尾直政は、撮影をしながらいつも、葛藤を抱えている。

「ここは撮らずに助けるべきではないのか」

「でも、記録するためには撮らなければ」

その闘いに答えはない。ではなぜ、記録するのか。

「彼女たちは被爆さえしなければ、普通に生活を送っていたに違いない。なんで、彼女たちが、こんな苦しい状況の中で暮しているかというと、それは、『母親のお腹の中で被爆したから』。そこのところを、彼女たちは絶対に口に出すことはないけれども、でも、彼女の存在そのものが、『核廃絶』というものを訴えるだけの力があると、ボクは信じている。だからこそ、いま、記録できるうちに、できる限り映像にとどめおきたい」

第六章●消えゆく灯をつないで

追悼

一九八〇年から二〇〇四年の間に、少なくとも、十五名の命の灯が消えた。

○大牟田稔

二〇〇一年十月七日、きのこ会事務局長の大牟田稔が亡くなった。多くの親たちと同じ、がんに倒れ、半年で逝った。享年七十一。

大牟田は沖縄の被爆者をジャーナリストとして初めて取材し、核兵器の問題を「人間」の立場からみつめ、その廃絶に向けて闘い続けた。中国新聞社の重職、広島平和文化センター理事長などの激務をこなしながら、きのこ会を結成から三十五年以上も支え続けてきた。一九七五年夏、秋信が東京転勤になった後は、きのこ会の「森羅万象すべてが」大牟田の肩にかかっていた。

元広島市長である平岡敬は、大牟田の核兵器との闘いにみる強固な意志は、「彼の戦時体験と原爆小頭症の子どもたちのいのちを見つめてきたことに根ざしている」と綴った。

その、大牟田の眼差しの片鱗。

僅か十八人に過ぎないが、彼らの前に立つと、どんなヒロシマの論理も、平和運動の構想も色褪せてしまうのである。自らが米国の投下した原子爆弾によって心身ともに傷ついて生まれ、日本国からも今や半ば棄て去られようとしていることさえ全く知らない十八の存在。彼らの無垢・純粋さによって、私たちは永遠に告発され続けるのだ。〈1970年〉

式が始まった。「きのこ会」が招いた伊藤壮・日本原水爆被害者団体協議会事務局長ほか八氏が次々にお祝いの言葉を寄せる。伊藤氏は、祝辞を「皆さんに三十歳のお祝いを述べるこの席は、私にとって針のむしろのように感じられるのです」と切り出した。小頭症の子らは、来賓と向き合った形の席で、お祝いの赤飯弁当の折詰を前に、穏やかな、まことに穏やかな表情で黙って座り続けている。伊藤氏の自らへ問い聞かせているような、痛みの言葉、それを片言隻句すら彼らは理解できない。しかし、皆、じっと言葉を捜すようにゆっくりと話す伊藤氏を見つめている。視線を臥せがちになるのは、伊藤氏の方なのである。私のどこかに、怒りの言葉を発し得る被害者はまだしも幸せというべきか、との呟きがある。〈1976年〉

一定の目的を達成する効果だけのために発達してきた科学技術文明が、内在するその毒を拡散した結果、人間を殺し傷つけ廃人化してしまっただけでなく、正常に生をうける筈であった胎児すらも侵してしまった（略）少なくとも胎児に及んで発生した原爆小頭症、胎児性水俣病の場合、そういった子供たちを生み出した原因は、加害性とか被害性とかを完全に超えた問題、尊厳であるべき筈の個の生を人為的に破壊し去った行為として私たちの胸に刻み込まれねばならない。

何故に彼らは原爆小頭症（あるいは胎児性水俣病）を背負って生まれでなければならなかったのか。その責任は何者が背負わなければならないのか。そして、そういう「沈黙した彼ら」が現在、私たちの眼前に在ることは、一体何を私たちに指し示しているのか。〈1976年〉

（『ヒロシマから、ヒロシマへ』）

患者本人の健康、精神発達はもちろん、生きてきた境遇、置かれている環境は、二十人二十通り、全く異なっている。したがって、私には集団として「原爆小頭症患者たち」を見ることが年々出来なくなっていく。彼らはいまや、私の内部では「ハルキ君」であり「サチコさん」であって、群としての「原爆小頭症患者」はほとんど存在しないに等しい。〈1984年〉

（「ヒバクシャ3号」）

全国各地で片隅にひっそりと生きている「原爆小頭症」患者二十六人ほど、核兵器の悪魔性を黙って指し示している例を私はほかに知らない。同時に、彼らが戦争の残した教訓を忘れ去った繁栄社会の政治や経済を無言で指弾する存在であることも、私は決して忘れない。〈1993年〉

（『ヒロシマから、ヒロシマへ』）

秋信によると、大牟田のきのこ会に対する想いは、死の床にあっても、その胸中を去らなかった。見舞いに訪れた秋信に、大牟田はポツンと言った。

「秋信君、『きのこ会』のことを頼むよ」

大牟田の新聞社時代のニックネームは「風小僧」。特徴である大きな眼は、最期まで澄んでいたという。

○長岡千鶴野

大牟田につづき、二〇〇三年二月二日、長岡千鶴野が急逝。享年八十。急性心筋梗塞だった。結成当初から副会長兼会計を務め、一九七九年からは会長に就任。親たちの盾として、代弁者として駆け回った。長岡の頭の中には、きのこ会の家族のことがすべて詰まっているかのようだったと、支援者は口を揃える。原爆小頭症の長男・清がきのこ会を嫌うなかでの活動には、葛藤もあったろう。それでも、陳情へ、会員たちの家庭へと、通い続けた。

葬儀の日、長男の清は、喪主の席で静かに肩を落としていた。

喪主の挨拶は、次男が行った。

「母は、爆心地から二キロメートル以内の近距離で、兄を妊娠中に被爆した、原爆の生き証人のひとりでございました。そのため、つね日頃から、兄の行く末だけを心配して生きてきました。本人の望みは、たとえ一分でも、一秒でも、あとに死にたい……ということで、それが叶えられなかったということが、何よりも、心残りだったろうと思います……」

長岡は遺言で「原爆が人体に与える影響を調べてほしい」と検体を希望していた。その長岡の願いを叶えるため、家族は、遺体を広島大学の医学部に検体した。

長岡千鶴野のことば

かえりみましたらば、苦しみも悲しみも幾歳月、喜びがなかったようにも思いますし、また、この子ゆえに教えられた親たちでもあるかと思います。（略）ABCCで、この子たちは二十歳までは生きないんだ、というふうにいわれたときは、落胆もし、ことばは残酷ですけれども若干心の隅で安心もし、大変、矛盾な、むごい親たちの気持ち、これも偽らざる本心でございました。しかし、二十五歳の誕生会を祝うにあたりまして、きょうまで生きてきた、育ててきたということばがあたらないにしても、裏返していいますと、どれだけ親たちが苦労したであろうか、犠牲的な気持ちで育ててきたであろうか、この辺をも汲んでみてやっていただきたいと思います。（一九七一年、二十五歳の誕生会の司会で）

わが子にも嫌われ、周囲にも嫌われ……まあ、しんどい会やね……。でも、おかげで、いままで消えずに……ようねえ……乏しい、灯じゃったが、いままで思うたら、ありがたい思うよ……（亡くなる七か月前のインタビューで）

原爆で傷つけられた身体の、どこに、それほどの力が宿っていたのだろうと思わされるほど、長岡千鶴野は、きのこ会のために生き抜いた。それは、子どもたちの、人間としての権利を守る闘いでもあった。

○誠治の父

妻を亡くしたとき、「生きるのはつらい……」と呟いた父も、それから二十年間、誠治と二人で生きてきた。

「誠治がひとりになっても、何とか自活できるように」と、体調を崩して床に就いてからも、炊事、洗濯と、丹念に根気よく誠治に教え続けた。

一九九三年、逝去。

父が亡くなった後、誠治はひとり暮しをはじめた。

かつて母が野菜を育てたその畑で、野菜をつくる。

十キロほど離れた所に兄が住む。山あいの道を自転車で通い、夕食を兄の家族とともにする。二日おきくらいに兄の仕事の配達を手伝っている。無口な誠治も、兄にだけはよく話をするという。

○佳一と母タメ

支援者の心に、絆の深さが刻み込まれた母と息子。

総会には、遠く宮崎から一日を費やして、親子で駆けつけた。いつも母は言った。

「同じ想いの人たちが、集まるだけでも、心やすらぐ」

佳一もきのこ会が大好きだった。この親子がいるだけで、その場の空気が和んだ。

母は、地元でも被爆者運動や障害者運動の中心となって活躍していた。

その母が、一九八三年頃、脳梗塞に倒れる。半身不随で入院したが、「佳一をおいては死ねない」と、八十歳を超えても、機能回復訓練に励んだ。佳一を連れて入院した時期もあった。

その後、急性腎不全を起こした佳一は、人工透析のできる別の病院へ入院。それ以来、週三回、四時間の透析を受けるようになった。離れた病院で、母は息子のために、息子は母のために、懸命に生きた。

一九九六年、柔和な顔をした佳一（五十歳）が、天井をみつめ、じっと透析を受ける姿が映像に収められている。

「日曜日ごとに、お母さんのところに、会いに行きます」

ゆっくり、ひとことひとこと、噛み締めるように話す佳一。

母に会うため、車で約四十分の道のりを、叔母（母の妹）が往復してくれるのだ。

母は、佳一のことだけが気がかり。

「かわいそうです。生まれながらねえ。子どもも、苦しんでおる」

「いつまで透析ができるかしらん、思うて、それだけ……。できなくなったら、寿命がないですからねえ」

と深く皺の刻まれた顔で語る。醸し出す雰囲気が、母子ともにそっくりだ。

五十歳を祝う会では、平尾がふたりの映像を流し、会員の涙を誘った。

一九九八年、新緑の萌えるころ、佳一が息をひきとった。多臓器不全だった。

佳一の死を、親戚は最期まで母に知らせなかった。佳一のために生き抜いてきた母に、その死を告げたら、「すぐ、死んでしまう」と思った。

だが、母は知っていたのかもしれない。四十九日を終え、納骨を済ませた翌日、眠るように息をひきとった。数十分前に親戚が見舞いに行ったときは、いつもとなにも変わらなかったという。

「納骨も済ませて、きっと安心したんでしょう。これからは、もう、ずっと一緒です。本当に、あんなに、母と子が想いあって……」

毎日、佳一を見舞った叔母は、いまも涙ぐむ。

「この子より一日でも長く」。その誓いをみごとに果して、母は、佳一のもとへ逝った。

一九九八年五月十四日　佳一　享年五十三。

一九九八年七月三日　母タメ　享年八十八。

ふたりの墓は、宮崎県日南市にある。

○温子と母

一九八三年、母は病院で亡くなる。精神病院に入っている温子と、いつか同じ施設で暮せることを夢見ていた。温子は、きのこ会四十五歳を祝う会で、少しふくよかになったとの長岡の報告を最後に、母のもとへ旅立っていた。

○信子の父

一九九二年、愛媛県の病院で永眠。八十九歳だった。

故郷の島の町営アパートで、信子が四歳のときから、男手ひとつで育ててきた。日雇い労働をしながら、炊事、洗濯、読み書きを教える。

信子は、片付けが大の苦手。いつも叱られていたが、大好きな「おとうちゃん」。父が倒れたときには、泣きわめいて近所に助けを求め、兄姉に電話をかけた。

その後、島の人びとに助けられ、ひとり暮しを送る信子の部屋は、ごみの山となっていく。足を伸ばして眠る場もなく、ガスも止められた。それでも病院の面会には、おめかしをして、両手いっぱい荷物を抱え、大はしゃぎで通った。

きっと戻ると信じていた父は、四年後、小さな箱になって帰宅。信子は父の死を知らされず、葬式にも呼んでもらえなかった。泣きながらさまよい歩いた信子。

父の墓だけは、きれいに掃除できる。朝夕おまいりを欠かさず、花を添える。

父の死から三年後、離れた地に住む母も、肺がんで他界。信子も五十歳を過ぎた頃から、糖尿病と肝臓障害で、入退院を繰り返すようになる。

○秋枝

一九九五年二月十日、宇部の精神病院で息をひきとる。てんかん発作と肺炎を繰り返し、晩年は寝たきりだった。両親に深く愛された、ひとり娘。

○由美江の母

二〇〇〇年、急逝。民生委員たちの助力で、由美江が喪主を務めた。

母は、由美江が中学生のとき家を出て再婚していた。だが、新たな家庭を築いた後も、由美江のことを想い、新聞の切抜きや資料を集めていた。

葬儀の後、由美江は「私たちが、どんな目に会ったか、このままではかき消されてしまうから」と、母が遺した資料を村上に託した。

○晴樹の母

二〇〇一年、九月二十二日、逝去。認知症で四年ほど嫁の介護を受けていた。

授産施設の晴樹は、母の面会をいつも楽しみにしていた。

○**明の父母**

一九九五年の調査の時、すでに亡くなっていた。

ともに失対で働いた。明の結婚と孫の誕生を応援し、支え続けた父母だった。

父は白内障を患いながらも、月に何度かは明の自宅に自転車を走らせていた。

○**新会員**

一九八八年、民主的な医療機関のＭＳＷがかかわったことにより、四十一歳にして認定を受けた。その五か月後に逝去。

三年近く皮膚繊維肉腫（がん）と闘い、右腕も手術で切断していた。「伯父を頼って上京し、首都圏の雑踏の中で下積みの仕事に徹した、厳しくも孤独な生涯」だった。

死の数日前、支援したＭＳＷに「もう原爆はごめんだな」と呟いたという。

きのこ会のいま

大牟田稔と長岡千鶴野。大きな柱を失い、親のほとんどを亡くしたきのこ会では、総会を開くこともなくなった。会員たちはいま、どのように暮しているのか、二〇〇四年と、二〇〇五年の春に行われた誕生会での報告を中心にみていく。

二〇〇四年「五十八歳を祝う会」の参加者は、信子、由美江、武史、雪代、里美、陽子と妹、浩二と姉。

二〇〇五年「五十九歳を祝う会」には、信子、里美、武史、雪代、浩二と姉、陽子と妹、晴樹と義姉、春恵と母、正夫の母、畠中（百合子の父）が参加した。

○由美江

大阪在住。糖尿病で入退院を繰り返している。狭心症も起こした。心臓が苦しくて、目眩と近眼に悩まされる。耳も聞こえが悪くなっている。

二十二歳の娘は、由美江によると自閉症だという。由美江と父以外とは話さないし、外にも出たがらない。就職もしていない。

夫とは今のところうまくいっている。夫も糖尿病で通院し、そのおかげで酒をやめている。由美江の入院中は、娘の面倒をみてくれた。娘も父にはなついている。

生活費は、由美江の原爆小頭症手当と、娘の障害年金でやりくりしている。

秋信から「せっかく大阪から来とるんじゃけ、何でも言うて」と促され、「医療特別手当の更新に必要な診断書の手続きが大変」。

現在施行されている被爆者援護法では、三年に一度、更新手続きを経て手当が支給される。小頭症は治る病気ではないので、広島市では更新の手続きをしなくても支給が継続されるようになった（きのこ会の運動の成果）。しかし、広島市以外ではそれが行き渡っていない。秋信が交渉することになった。

○雪代

体調不良が続いている。体重は四六キロから三八キロまで落ちた。秋には突発性難聴、年明けには白内障で両目を手術した。二度目の股関節脱臼の手術を医者に勧められているが決心がつかない。「前にしてもらったときの難儀さがあるから」だが、「軟骨がちびてしもうとるので、放っといたら、痛みが増すばかり」という。

平位医師が、「以前と時代が違って良くなってるから、そんなに難儀なことはないと思う。人工でも二十年はもちますよ」と助言。陽子の妹も、「里美ちゃんも痛みがひどくて手術したけど、歩行自体が良くなりましたよ」。少しほっとして、手術を受ける気になったようだ。

唯一の楽しみはデイサービス。「サービスへ行っとる間が、いまいちばん幸せな時なんです。お粥にしてもらって、刻みで食べているような状態ですけど……」と少し笑顔が出る。

娘が地元のミスに選ばれて、ポスターを披露した。

○武史

秋信に母のことを尋ねられ、

「今、公社からヘルパー来よる。ほとんど寝たまま。足と腰が、ぜんぜん力が入らん。耳が遠いし、足が痛いし、目が痛い。全然わからんようになってしもうとる」

秋信「お母さん、歩けないの？」

武史「ハイ。買い物行くときは、車イスで、ヘルパーさんがついて歩く」

秋信「ヘルパーさんは毎日？」

武史「火・木・土曜」

秋信「病院に入院するほどのことはないの？」

武史「そりゃ、わかりません。だいたい、入院せい、いわれとる」

秋信「そいで、しとーない、いうた？」

武史「ええ、家の方が心配いうて……」

武史は、精神障害者の作業所に通っていた。小さなマンションの一室を利用した、少人数制の作業所。決まりはなく、なにもしないで食事だけして帰る人もいる。手先が器用な武史は、シャンプーの試供品を台紙に貼ったり、箱を作ったり、その日によって変わる仕事をどんどんこなす。自分が器用に働ける分だけ、他の利用者が「怠けている」と感じてしまうこともある。通所期間の制限はないが、支援者たちは、生活面と将来を考えて、グループホームの方がいいのではと思っている。本人にもその気はあるのだが、なかなか決断ができない。

母はほとんど寝たきりの状態だが、「息子を支えられるのは自分しかいない」と思い込んでいる。武史も「自分がみてあげないと駄目だ」と思っている。強く想いあい、頼ってもいるのに、素直になれない。激しくぶつかることも度々で、支援者も頭を悩ませている。

二〇〇五年の誕生会から約一か月後、武史が突然倒れた。糖尿病の食事制限を守れず、食べ過ぎて意識を失ったという。母がすぐ救急車を呼んで一命をとりとめたが、ふたりだけでの同居はできなくなった。母は原爆養護ホームに入所。武史も病院からショートステイに移って、これから先の行き場を検討中である。母子ともに離れがたい想いが強く、それぞれの気持ちが落ち着くには時間がかかりそうだ。

○晴樹

兄が仕事のため、義姉が付き添う。

晴樹「大野寮で、貝の穴に針金を通したり、ジャガイモ植えたり……。まじめに仕事しとります。お兄さんが時々来てくれる。春休みにまた、家帰るのに、お兄さんが迎えに来てくれるの、楽しみにしてる。ひとりの部屋もろうて、夜九時に寝て、朝七時に起きて、お兄さんらと食事する。それが楽しみなんよ」
秋信「よかったねえ。晴樹さんところは、お兄さんらが、ようしてくれてやからねえ……。どうしよるかなあ、思いよったんよ」
晴樹「この間、手紙来たけ、すぐわかったよ。じゃけ、今日、来たんです」
秋信「本当よかった。顔見れて。元気そうで……」
晴樹「はい。元気です。時々ぜんそくは出るけどね。それは苦しいけどね……」
母の介護を四年間務めた義姉は、もの静かで控えめな女性。晴樹をみつめる目は、優しい。

○陽子と里美

里美の母は八十六歳。高齢で体調を崩しているので、陽子の妹が二人を連れて来る。同じ作業所に通う二人は、隣同士に座って息もぴったり。「いつも仲がいいね」と声をかけられ、「そうそう。似てるっていわれる。きょうだいみたいなもん」と里美。陽子も「そうそう」と頷く。

ふたりとも歌が大好き。「青い山脈」他四曲をみんなで歌ったときには、中心になって歌う。陽子は右手でリズムを取りながら大ハッスル。妹に「みんなと一緒に歌わんと」と注意される。

近況報告で里美は、

「お母さんは月・火・金にデイケアに行ってます。車でお迎えに来ています」

「私は元気で、陽子ちゃんと一緒に作業所に通ってます。ま、忙しい仕事ばっかりですけど。だしの数二十五ずつ数えて次々渡していったり、ミシンの仕事したり、『なんでもマット』とか、エプロンとか……」

裁縫工場に勤めたこともある里美は、ミシンがけが得意。作業所でも頼りにされている。

長年かわいがっていたインコのリリーが、最近、死んでしまった。

「まだ写真持ってます。肩に乗ったり、腕に乗ったりして、よう、おしゃべりしよったんじゃけどね。『かあちゃん、かあちゃん』、『ねえちゃん、ねえちゃん』いうてね。病気でね……泣いたけどね……。布団の上で、お葬式してね。テイッシュで包んでね、埋めてあげたんです。かわいかったんですけどね……」

しっかりと話をする。

陽子は、

「作業所で、みんなと仕事してます。ミシンとか、だしとか、シャンプーとか、いろんな仕事してます。弁当配りとかも行ってます」

「弁当配り?」と質問がとぶと、すかさず里美がフォローする。

「おひとりで住む人がおってんです。（陽子「そうそう」）。どっかで集会所があって、食べて、お話して、家に帰ってくるんです。そこへ第一と第三木曜日に、交互に車で行ってます。当番で、何人かで分かれてね」

陽子「届けて、お話したりね」

職員の付き添いのもとであるが、いろんな仕事があって楽しいと、ふたりは言う。作業所の旅行で、沖縄にも行った。二泊三日の予定が、台風で帰れず一日延びた話を嬉しそうに報告する。里美がちょっとお姉さん肌。陽子がそれに自然についている感じ。

○信子

誕生会には平尾が送り迎えをした。松永にも会えて嬉しそう。

秋信「お待たせしました〜。信子さん」

信子「（今治の）病院におる」

松永「そして？　ずっと寝とらんのでしょう？　ずっと出歩いとるんでしょう？」

信子「いえ、寝とるよ。勉強しよるけ」

松永「勉強？　どこで、病院で？」

信子「ベッドで……」

平尾「クロスワードパズルですよね」
信子「(笑って) ちょっと、わからんけど……」
松永「土曜日になったら、どこ行くんですか?」
信子「健康ランド!」
平位「えっ? なに? 健康ランドって」
平尾「スーパー銭湯みたいなもんです」
平位「ああ、いいなあ~ (心底羨ましそう)」
松永「役者が来るんですよ。ご贔屓がいらしてね。カメラ撮りまくってね」
信子「(すかさず) 伸ばして、あげるの」
松永「おうちは? もと、お父さんとおったとこ」
信子「帰ってない」
松永「誰か留守番してるんでしょ?」
信子「おらん」
松永「うっそ~。ごみが留守番してる!」
信子の笑い声と一緒に、笑いに包まれる会場。四十年かけて培われた信頼関係の結晶。

だが、病院の問題は深刻。糖尿病や肝臓障害はあるが、すでに退院できる状態。病院側も退院を望んでいるが、信子が帰りたがらないのと、ひとり暮しは危険だからと、院長の好意で延長してもらっている。問題は、病室のなかにも積み上げられた荷物。同室の患者への迷惑や衛生上の問題もあるのだが、片付けようとすると、噛みついたり叩いたりするので看護師も対応に苦労している。親切な患者が、溢れた荷物を自宅に預かってくれたこともあるが、一部屋がつぶれたという。すべてが「いるもん」の信子にとっては、ごみはひとつもないだけに、関係者は頭を悩ませる。

一昨年、白内障の手術と網膜はく離の手術をしたという。右の目は「ぜんぜん見えん」。

○浩二

知的障害者授産施設で働き、寮生活を送っている。十二歳年上の姉が母代り。

浩二「相変らず、クリーニング屋の仕事してます。寮におるから」

村上「木村さ～ん、皆勤賞もろうたんじゃない?」

浩二「えっ?」

村上「勤務が優秀だから。休むことないんでしょ?」

浩二「ぜったい、休まん。なにがあっても、休まん。遅刻もせんね。横着で休んだことない。

八時半から五時までずうっと、立ちっぱなしの仕事じゃが……」
斉藤「きつくないですか?」
浩二「足がぱんぱんです。主にロイヤルとかリーガル（ホテル）とかから仕事もろうてね。大変ですわ……。そいでもね、こないだ、フリスビーの大会に出て、銀と胴をもろうた。福祉公社のね。初めて行って。風も計算しにゃいけんしね……」
浩二は社交的で、よく話す。桜の花見や、旅行に行ったこと等も次々とびだし、話は尽きない。仕事は非常にまじめなのだが、自由時間の遊びにも熱心で、姉は悩まされている。授産施設は、来年六十歳で停年。だが、その後も二年ごとの契約で働ける可能性がある。
姉「そのときに、『ああ、もう、うちは預かりませんよ』言われたら困るから、いい子してちょうだいいうのに、やっぱり、ときどき病気が出まして……（苦笑）」
浩二「そりゃ、前のことじゃ……」
姉「いや、前じゃあないんよ。昨日もねえ、ちょっと……。『僕はせん、僕はせん』いうちゃあ、元気で駆けてじゃけえ、ちょっと、私も足運ばにゃあなりません……」
浩二「部屋でゲームしよるのは、しよるけど……」（ぶつぶつ言っている）
姉「じゃけ、どうぞまた来年もおいてもらえるようにね……」
深刻な話も、この姉弟にかかると、どこかユーモラス。

○**春恵**

母と参加。ふたりで親子ホームで暮している。春恵の通う作業所が、グループホームに隣接して親子ホームをつくってくれた。入居者は春恵と母だけ。作業所にも歩いて十分ほどで通える。母は村上に、とめどなく打ち明け話をしていた。

○**百合子の父、畠中国三**

「五十九歳を祝う会」には、八十九歳になる百合子の父、畠中国三も参加した。支援者たちの強い要望で、車の送迎を手配して何とか実現。百合子を連れてくると、介助者がいても気になってしまうので、父だけの参加となった。目も足も思うようにならなくなったが、畠中の志の強さは変わらない。

「『きのこ会』華やかなりし頃の……ちょっと、これ見てください。こういうの覚えてる方おられますか……」

取り出したのは、きのこ会のビラ三枚。玄人肌の見事なビラ。

「二十五年前の　恐怖と怒りを呼び戻せ　真実を隠すな　人類の破滅に通じる　胎内被爆小頭児」

毎年作り変え、三年間続けた、親たちの平和運動。

「大変なことですよ。今までやったことのない人が、自分らで、配ったんじゃから……」と秋信。畠中はこのビラを、この日まで、皺ひとつつけず、大切に保管していた。いまでも、ただ集まるだけではなく、きのこ会として、なにか行動を起こしていくことを考えている。

子どもの成長とともに親は歳をとり、すっかり弱り果てた。それでも、親子ともども食べていかなくてはならない。そして、子は親の援助なしに生きていけない。親子ともどもの補償を求める運動を起こせないか。国はおそらく「親までは……」というだろうが、このことをふたたび厚生労働省に陳情できないかと。

次女・百合子は、いまも父とふたり暮し。隣に三女の家族が住む。理髪店は四女が継いでおり、近所の自宅から通ってくる。食事は、四女と三女が協力して作る。入浴も三女のところで済ます。百合子は、十年ほど前から幻覚を見るようになり「おかあちゃん」「犬が」「汽車が……」と呟くようになった。同じ頃、リンパ腺が腫れ上がって食事も通らなくなり、摘出手術をした。父も前立腺の手術を受けた。白内障も患い、足腰もすっかり衰えた父にとって、百合子の世話はこたえる。だが、ホームヘルパーや、デイサービスを利用するのは、「百合子がかわいそうで」抵抗がある。「できるところまでは、親と姉妹でみてやりたい」と願う父である。

○正夫の母

十年前、初めて書いた手記がもとで、平位医師を紹介され、正夫の原爆症認定となった。五十歳で、近距離早期胎内被爆症候群の認定。「平位先生と村上先生のおかげです。それまでは、ずっと、隠してました……」。正夫は結婚して子どももいるが、公の場に出ることは嫌う。夫は三年前の八月六日に病死した。

母はひとり暮し。体の具合もすぐれない。畠中のビラを、じっと見つめていた。

「ポスター、見せていただいてね、胸にきました。あれね、あれはね、経験したもんじゃないとわからんですよ。私も、こういう風になりましたけどね。あのポスター。これは絶対に、声を大にして言わにゃあいけませんね。核廃絶ね。これで、どれほど人生、狂わせられたかをね……」

ふっくらと、温和な雰囲気を湛えているが、核廃絶への意志は強い。

総会も開かれなくなった現在、年に一度の誕生会は、唯一会員たちが集える場でもある。「ただ集まれるだけでもいい」「近況が聞けるだけでもいい」という声も多いが、畠中のように、「行動を起こそう」という声もある。親子ともどもの終身保障は、きのこ会のこれからの課題でもある。

第七章●

長女・陽子とその家族

山田家の特徴は、母がきのこ会のなかで、もっとも若く、もっとも早くに亡くなったことにある。そして、原爆小頭症の陽子は、初めての子どもだった。

現在、山田陽子（五十九歳）は、実妹の久美子夫婦と暮している。

陽子は、ほっそりと華奢ではあるが、外見からは障害を感じさせない。話しかけると、にっこりして、ポツポツと丁寧に言葉を返してくれる。少し首をかしげ、はにかむ仕草は、子鹿のバンビのよう。毎朝、きのこ会の親友、里美とふたりで作業所に通う。絵を描くことと歌うことの大好きな女性である。

二十歳の頃の陽子の映像は、息をのむほど美しい。

きのこ会二十五歳を祝う会では、会員を代表して答辞を読んだ。

五十歳を祝う会では、百合子の傍に来て、「お元気？　またあとでね」と優しく声をかける陽子の姿が映されている。家族以外とはコミュニケーションをとるのが困難な百合子が、陽子に声をかけられた後、なんとも穏やかな顔で嬉しそうに笑っているのが印象的。

陽子の妹・久美子は、四歳年下の五十五歳。同居を勧めてくれた理解ある夫と、広島市郊外の住宅地に暮す。小さな庭には子ども用のブランコが置かれ、すっきりと掃除の行き届いた部屋には、明るい陽射しが差し込んでいる。

一男一女は結婚し、孫にも恵まれた。「毎日のように孫たちが来て、面倒みさせられるんですよ」と笑う久美子は、いま、幸せそのもののようである。

「私とこは、なんにもお話しするようなことないですよ。私は親じゃないし、深刻性もないし、なるようにしかならんって思ってるから……」

からっと言い放つ久美子だが、山田家は、まさに家族として誕生したばかりの時に、原爆によって運命を変えられた一家であった。

妹・久美子の話を中心に、陽子からの聴きとりも交えて、家族の歩んだ道を振り返る。

原爆にはじまる家族

原爆投下までの山田家のことを語れる人は、もういない。父母から原爆の話を聴いたこともない。被爆当時、父は三十二歳。母は二十三歳で、お腹には胎齢三か月の、初めての子・陽子が宿っていた。

母は、いとこと一緒に実家から自宅へ帰る途中、爆心から約一キロの河原町で被爆。建物が崩れ落ちた瞬間、いとこが庇うように覆いかぶさった。母は助かったが、いとこは亡くなった。

原爆は母から、両親、きょうだい、いとこ……と、ほとんどの肉親を奪った。残されたのは、母と、出征したひとりの弟だけ。

久美子はこの話を、親戚から聴いた。

「うちの母は、ほとんど亡くしてるからねえ。想い出すのも嫌だったんでしょう……まったく、話さなかったよね」

自宅を焼け出された父母は、長家に移住する。

久美子の記憶によると、長屋は六、七戸が連なっていて、その一戸に二家族で住んでいた。襖で隔てられた六畳間が二つ。手前のひと間に五人家族が住み、奥に久美子たちが住んでいた。入り口は共用で、土間を通って部屋に出入りしていた。

長屋には、一、二軒裕福な家もあったが、ほとんどが同じような境遇で、助けあって生活していた。隣に住む家族との関係も良かった。

被爆から半年も満たない一九四六年一月二十七日、陽子は生まれた。

「生まれたとき、髪の毛が全然なかった。おなかの中でも、冷たくて固いので、死んでいるのかと思った。産婆さんもとても育つまいといった。乳を吸う力がないので、しぼって口へ流しこんでやった。私も髪が抜け、出血がひどく、足も立たないくらい弱っていた。一月の寒いときに生まれた。天井もない吹きさらしで、陽子を抱いてこたつにすっぽりもぐりこんでいた」

と母は秋信に語っている。(『この世界の片隅で』)

久美子も、「姉は本当に小ちゃくて、普通だったら、二歳にもなれば首もちゃんとしておんぶできるのに、小さすぎて、背中に負うと窒息しそうになるから、背中あわせにしないとおんぶができなかった」と親戚に聴いている。

陽子の誕生から二年後に長男が、さらに二年後には次女・久美子が生まれた。

久美子には父親の記憶がない。四歳の時に亡くなったからである。被爆したのかどうかさえ知らない。「被爆したなんて聞いたことがないから、してないと思う」が、兵隊に行ったとも聞いていない。

父をたどる唯一の手がかりは、結婚式の写真。父は坊主頭で丸い眼鏡をかけ、母は文金高島田を結っていた。今ではどこかに行ってしまったその写真を、子どもの頃は、何回も引っぱり出して、見ていた。

屋根瓦の職人をしていた父は、誰に聴いても「優しい人じゃった」といわれる。父が生きていた間は、経済的にも比較的恵まれ、ゆったりとした生活だった。

八歳まで父と過ごした陽子は、「覚えてる」「とてもやさしかった」「いい人じゃった」と頷く。

父の死因は、今でいう「がん」だろうと久美子は思っている。亡くなる前日まで元気だったのに、朝起きたら布団の中で冷たくなっていた。陽子は、「病院、行ってなかったんよね。お金なかったから……」ともいう。きのこ会の資料では、原爆症死。

一家の大黒柱である父が亡くなったのは一九五五年、原爆から十年後の春だった。被爆者への援護策はまだ何もなかった。享年四十二。残された母は三十三歳、陽子九歳、長男七歳、久美子四歳。そしてこの時から、山田家の苦悩の日々がはじまる。

すれちがう想い

父の死後、子ども三人を抱えた母は、失対で日雇いの仕事をはじめる。男性に混じっての厳しい肉体労働だった。家族は、陽子の障害が原爆によるものだろうと感じてはいたが、公に認められることもなく、陽子は近所の小学校の特殊学級に通っていた。二歳ずつ違う子どもたちは、やがて同じ小・中学校に通うことになる。久美子は、陽子が姉であることを友だちに隠しとおした。

「やっぱりね、まだ『原爆がうつる』とかなんとかね、いわれた時代ですから……。クラスがね、姉と一クラスおいて私なんですよ。もう、嫌で嫌でね、道で会うても知ら～ん顔しよったよねえ……」

母は大変に几帳面で厳しい人だった。知的障害があっても、陽子は甘やかされることなく躾けられ、登下校はもちろん、お遣いにもひとりで行けるようになった。母の留守中、陽子はひとりでずっと絵を描いていた。貸し本屋でマンガを借りて、その絵をじっと見て、真似て描くのである。近所の子と遊ぶということもなく、手のかからない子だった。

陽子は母のことを、「ちょっと厳しかった」、さからうと「口ごたえすな」と怒られたという。

お遣いのことで、久美子が憶えているエピソードがある。

「ちゃんとお金持って、買い物に行かすんですけどね、姉は犬を怖がってたんですよ。で、犬を見て、子どもだからびっくりして、ぱっとこうして手を開いちゃって、お釣りを落とすじゃないですか。ほしたらね、帰ってから怒られるんですよ、母に。『ちゃんとお釣り、見つけておいで』言うてね。姉は泣いて、泣いてね……。行ったって、見つからんのですよね……」

でも、そんな母であったからこそ、陽子がしっかり育ったのだとも思っている。

「身なりでも、きちんとさせてたからね。貧乏は貧乏なりでもね。うちの母ね、すごい几帳面なんですよ。本当にね。土間なんかでもね。昔の炭俵あったでしょ？　あの炭俵の紐で子どもが汽車ぽっぽすると、わら屑が落ちるでしょ。それだけでも、怒られよったからね」

一方で、優しい面もあった。

「姉はとにかく髪が長くて、腰のあたりまで伸ばしてて、それを毎朝、母が梳いて編んでやってたんです。こうやって、梳いて結んで、梳いて結んでってね……。あんなことばっかり、やってた記憶が、あるよねえ」

「姉はね、もしこの病気じゃなかったら、多分、きれいじゃったと思うよ」

髪は短くなったが、今も充分に、そう思わせる陽子である。


母は失対の仕事で、早朝から夜遅くまで帰れなかった。久美子は、小学校低学年から炊事をし、近所のアルバイトにも行った。

「あの頃はまだ、釜戸だったんです。薪でごはん炊いて、七輪でちょっとしたおかず作って、炊ける合い間をぬって表で遊んでね。そういうの、ずうっとしてたよね」

「アルバイトはね、要請されながら、自主的にやりました。八百屋や果物屋のおばちゃんが『手伝いにおいでー』いうてくれて、ほいで小遣いくれる訳です。散髪屋さんもね、年末忙しいでしょ。で、タオル洗ったり、子守したりして、それで多少のお金は入るじゃないですか……」

そのお金を、久美子は、秘かに貯めていた。

「お母さんにね、箸立てと醤油びんと、お揃いのを買ってあげよう、思うてね。ほいでね、こっそり貯めて、やっと、買ってあげられたわけ。でね、それをそうっと卓袱台の上に置いといたら……怒るんよ、お母さんが。『買わんでいい』言うてね……。結局は、自分のもんを買いなさい、いうことだったんよね。せっかく貯めたんだから、言うて……。でもね、私はね、それがしたくて、したわけよね。お揃いの食器ね……してあげたかったんよね……」

「だから、うちの母はね、ほんとうは、『子想い』なんよ。それはよう、わかってたんだけどね……」

母は身体が弱く、腎臓を患っていたので、しばしば倒れて入院した。しかし食べ盛りの子ども三人を抱えた母子家庭では、たちまち生活が立ち行かなくなる。母は、医師の反対を押し切って、無理にでも退院して働いた。そしてさらに病状を悪化させ、また倒れて入院と、悪循環を繰り返した。

そうなれば家計はいよいよ逼迫する。久美子は小学生の頃から、近所へはお米を借りに、親戚にはお金を借りに行かされた。兄は、身体が少し弱かったのと、男の子であるという理由で役を免れた。

「四十分以上かかってね、叔父のところまで歩いて行くんですよ。お金借りに。そしたらね、叔父がね、ちょっとぐずぐずいうんです。もう、泣きながら帰るじゃないですか、悔しいのと一緒で……。で、母に報告したら、『あれは借りたお金じゃあないんじゃ。お母さんが貸した分をね、分けて払うてもらいよるんじゃけ、ひとつもぺこぺこすることない。堂々ともらいに行けばいいんじゃ』て言われてね、そんなんじゃったら早う言うてくれたらいいのに……思うてね」

久美子が大人になってから、父方の叔母に聴いた話がある。

父が亡くなって生命保険が下りた。しかし母は、そのお金を、事業に失敗した弟にすべて貸してしまう。母にとっては、原爆を免れて復員した唯一の弟。その弟が、生きていてくれるだけで、母の支えだったのだろう。いまとなれば、母の気持ちは充分理解できる。だがそのお金は、母と三人の子どもの生きる糧だった。

やがて叔父は事業を立て直し、景気もそこそこになったので、母が分割で返してもらおうとした。しかし結婚した叔父は、妻への気遣いと世間体から、障害を抱えた陽子のいる山田家とは、徐々に距離を置くようになっていた。

久美子の子ども時代、それは、小中学校通して、友だちと遊びに行く暇もない、家のことに明け暮れた時代だった。それでもそのことを特別苦労とか、嫌だと思ったことはなかった。

「とにかく、親が困ることイコール自分が困ることじゃないですか、みんな。だからお米を借りるんでも、『行かにゃあいけんのじゃ』思うて、隣の子誘ってついて来てもろうたこともあるし……じゃけ、あの頃、長家に住んどる人はみんな、様子もよう知っとるしね。もう筒抜けじゃないですか。で、同じような境遇の人が多いから、恥ずかしいとかなんかなかったからねえ……。よう、助けてもらいました。学校の友だちには言えんことでも、近所の友だちには言えました。あそこじゃけ、暮してこれたんじゃないかしら……」

「なにか買ってほしいとか、林間学校のこととかは、経済的にそんな余裕ないってわかってるから、はなから言ったことないですね、母には」

当時の長家の友だちとは、いまだに交流があるという。貧しくても、互いに支えあう生活が、久美子の心をも支えていたのかもしれない。

そんな久美子にとって、「家のなかが楽しかった記憶は全然ない」。最大の原因は、母のお酒。陽子も、「お母さんは、お酒飲みよっちゃったけねえ。昔は飲みよらんかったけど、(父が)亡くなってから、酒、飲むようになった……」と呟く。

障害のある子を筆頭に子ども三人を抱え、収入も少なく、身体も弱く、頼るあてもなく、三十そこそこの母親は、どれほど心細かっただろう。

身体の不調も、腎臓の病気も、胎児に影響を及ぼすほどの近距離被爆であれば、原爆の影響であることに疑いがない。しかも夫は原爆症死である。自分の健康への不安は恐怖に近いものがあったのではないか。

さらに当時は、ブラブラ病という名があるくらい、原爆後障害への理解は低く、うつるという偏見や差別もあった。几帳面で働き者の母であれば、思うようにならない自分の身体への苛立ちと不安は、さらに募っただろう。どこへもぶつけようのない不安と苛立ち……。それが、飲酒へと走らせたのではないか。

いまでこそ母の気持ちがわかる久美子だが、子どもの頃は、母の飲酒が嫌でたまらなかった。小学校低学年の頃から、母は夜になるとお酒を飲んだ。六畳ひと間では、嫌でも様子は目に入る。近所の人と家で飲むこともあったし、仕事帰りに飲んで、酔っ払って帰ってくることもあった。性格が変わるようなことはなかったが、足がフラフラして、ろれつの回らなくなった母を見るのは、辛かった。「だらしない親じゃねえ」とも思った。

はじめのうちは夜だけだったのが、いつからか、朝になってもお酒の臭いがするようになった。

「朝からお酒の臭いがするわけですよねえ。嫌だなあ……思うても、私は言わないんです。幼いせいもあるけど、言えない。でも、兄は私と二つ違うし、男いうのもあるし、見つけては、明らさまに蛇口のところ行ってね、じゃーっと流してたよね……」

「とにかく、母は身体が弱かった。で、お酒を飲むからご飯も食べない」

「父を亡くして、何にも縋るものがないから、結局お酒に溺れる。溺れて身体を壊す。それで子どもに嫌われる。お酒のことさえなかったら、いい母親だったんですけどねえ……」

そのお酒はさらに、母の身体と家族の生活を蝕んでいく。

母の飲酒や、障害のある姉・陽子のことがあり、久美子の心は、外の世界に向くようになっていった。

中学卒業後、学校の紹介で製菓会社に勤め、数か月後には会社の寮に入った。「お酒をやめて」と言えなかった久美子の、無言の抵抗。

兄は中学卒業後、製本の仕事をしながら定時制高校に通ったが、卒業後、黙って家を出た。大阪まで行って東京行きの資金を作り、上京して製本の仕事に就いた。

久美子が家を出た時には心配しなかった母が、兄の家出にはひどく取り乱した。

「うちの兄は私と違って、すっごい真面目なんです。その兄が家出とは、私もびっくりしました。でも、もう、うちの母は、狂ったように私の勤め先まで来て、『お兄ちゃんがおらんようになった』『探してくれ』言うておろおろしてね。私が『もうええじゃない、出たいけぇ出たんよ』言うても『ええことない。探してくれ』いうて聞かないんよ。もう、かわいくてしょうがなかったんでしょうねえ（苦笑）」

何か月かして、兄は母に連絡を入れる。何も聴かなくとも、久美子には、兄の家出の理由が痛いほどわかっていた。

久美子はその後、勤め先が廃店になり先輩の家に身を寄せる。姉妹で同じ店に勤めていた先輩で、「うちへ来れば」と勧めてくれたのである。久美子が唯一、家庭の事情を打ち明けた姉妹でもあった。

先輩家族は、久美子を実の子のように迎え入れてくれた。やがてそこでお好み焼き屋をはじめることになり、久美子はすすんで店を手伝った。

「私は、親戚には縁が薄かったけど、他人には本当に恵まれたんです。本当に、すっごい助けてもらってるからねえ、ここで。世の中、こんなにええ人がおるんか……思うたよねえ、あんときは……。ええ、辛いことはなかったですよ。いやな顔されたことなんて全然なかったから。だから、ぐれる暇なんてなかった。いや、暇がないんじゃない、やっぱり、『よくしてもらったら、よくして返さないといけない』と思ったよねえ」

しかし一年後、叔父が来て、他人の家で世話にならず兄のいる東京で働くよう勧める。気乗りのしない久美子だったが、製菓会社時代の知人が東京店にいたので、頼み込んで寮に入れてもらう。休日には兄の家にも遊びに行ったが、どうしても、東京に馴染めなかった。

「とにかく、人の冷たさには耐えられなかった。冷たさがひしひしと来るんですねえ。地方出の人ばっかりなのに、『なんでかねえ』いう位、冷たさを感じるんですよ。広島じゃ考えられない。でね、とにかく嫌なんですよ。東京にいるのが。どうにかして帰りたい思うけど、無理して入れてもらった知人に悪いし、兄にも悪いし、叔父にも怒られるし。だから、なんとか我慢しよう、思うんじゃけど、結局は、それでも帰りたい、いう方が勝つわけですよ……」

とうとう半年後、「友だちが入院してるから休暇をください」と飛び出したまま、東京には戻らなかった。さすがに、すぐ広島に帰るわけにもいかず、九州の友人の家に身を寄せ、ほとぼりが冷めたころ、広島に帰った。

広島では、先輩の家族がふたたび快く迎え入れてくれた。お好み焼き屋を手伝い、十九歳の時、店のお客で来ていた現在の夫と結婚する。久美子の、新しい旅立ちだった。

母ときのこ会

二人の子どもが去った家庭で、母と陽子はどのように暮していたのだろう。

当時を振り返って久美子は、「どこかでいつも、気にはなってたけど、自分ひとり、生きていくことだけで精一杯で、母たちのことを顧みる余裕はなかった……」とすまなそうに言う。

幼い頃から家族のために家事をこなし、やっと就職先を見つけた久美子が、母の飲酒にいたたまれず、十六歳という多感な歳に家を飛び出したのは、あまりにも当然のことではないか。それは、定時制に通いながら、働いたお金を家に入れていた長男にしても、同じことだろう。

この間の母と陽子の様子は、きのこ会会報から伺うことができる。きのこ会が結成された一九六五年六月、初めての会合から、母と陽子は出席している。当時母は四十三歳、陽子は十九歳。翌七月の会合にも母は出席。長男は定時制高校二年生、久美子は中学三年生で、まだ同居中だったが、母から、きのこ会について、ひとことも聞いたことはなかった。

母がきのこ会に送った手紙

此のたびは、なにからなにまでお世話になりました。なんとお礼を申上げてよいやらわかりません。皆様のあついお心づかい、この度つくづく身にしみました。私もおかげで一日一日元気になりました。これも皆様のおかげです。

先日から会社の方に働きに行けるようになり、気持ちも明るいほうに向っていくようです。きのこ会の会合にはぜひ行かせてもらいます。これは他人ごとではありません。私もつとめはじめて間がないので、会社を休むのは悪いと思いましたが、わけを話して休ませてもらいました。皆様の心ずくしの暖かいお気持ちにおこたえし、私いまから一生けんめいがんばります。つまらぬ者ですが、どうぞよろしくお願い致します。(「きのこ会会報No.1」)

「きのこ会会報No.2」によると、陽子の母はABCCに登録されており、少なくとも、一九六〇年からは年一回の定期検査に出向いていた。一九六〇年の検査では糖が、一九六四年の検査では高血圧、糖、心臓肥大、腎臓の欠陥が出ている。

一九六六年七月、「ABCCの定期検査に訪れた母が、五年ごしの高血圧で危険な状態にあったため入院させた」と連絡を受けたきのこ会事務局は、すぐに駆けつける。

ABCCの内科医の話では、夜に検診に来た母は「診察する前からとてもきつそうで、立っているのもやっとという様子」だった。検査の結果は、「血圧が最高二二〇、最低一四〇」。「このまま放っておくと脳溢血か心臓障害で死んでしまう危険な状態」だったので入院させた。本人は家のことをひどく心配して、「家へ帰って出なおしてから来る」といったが、「帰せる状態ではなかった」。

過去の検査結果から、「腎臓が悪いために血圧が高くなっている」と予測された。精密検査のために二週間ほどの入院が必要とのこと。

「年も若いのに血圧が、このように高い場合は往々にして予後が非常に悪いので心配」「たとえ治ったにしろ肉体労働はできない、してはいけないということははっきりいえる」「非常に気の強い人らしく、決して弱音をはかない人だというから、無理に無理を重ねて、今日のような憂慮すべき病状におちこんでしまったように思われる。従って、ここを出て、また無理をするようなことになると、とりかえしのつかない結果になるだろう」。

ただし、「ＡＢＣＣは、本来、検査のための入院が建前で、治療のための入院ではないので、二週間経てば出てもらうことになる。通っていただければ、診ることは診る」と、ＡＢＣＣの目的と限界も告げられる。

ＡＢＣＣのＭＳＷからは、病状が落ち着き次第、本人と面接するが、「こちらでできることは大したことはない。経済的援助はできない。栄養をとってもらうために牛乳とか、着るものに不自由しとられるのであれば下着とか、そんな物質的なことでの手助けはできるが、それも大してはできない」と言われている。

母は、父が亡くなってから健康状態がすぐれず、陽子が「並みの子供ではないだけに非常に困っていた」。失対人夫に出たり、生活保護を受けたこともあるが、息子が働きはじめてからは一応の安定がみられたので、菓子工場に勤めた。

一九六六年十一月頃、配置換えになり、身体が冷えきって工場をやめた。肺炎で一か月ほど寝込んだ後、ネームプレートの工場に職を得、ようやく安定した生活がはじまるかと思っていた矢先に、倒れてしまったのである。

ＡＢＣＣ入院前から身体は衰弱しており、「毎朝、這うようにして起き出しては勤めに出ていた」。どうしても耐えられない日は休んだが、一週間も欠勤が続くと退職願いを出すように言われるので、退職にならないようにと無理をして働いていた。

ＡＢＣＣ医師の診断でも、「医学的健康管理は一生涯必要」とされ、入院期間も一か月余りになった。

母は意識のもうろうとしたなかで、「こんどこそやめさせられるでしょう」と寂しく笑ったという。

母の状態が深刻ななか、陽子を施設に入れた方が、本人の自立と母の療養のために良いのではないかとの話し合いが、きのこ会事務局と福祉事務所ワーカーとの間でもたれ、母を説得した上で、障害判定などの手続きが進められた。

陽子の判定の結果は、だいたい次のようになる。

知的障害は中程度で就職は難しいが、三年ほど訓練を受ければ、授産施設で適当な仕事ができるだろう。社会生活能力は、身辺自立しており、意思交換もできる。移動能力に多少問題があるので、場合によっては看護者が必要。学力は十までの計算ができる。平仮名の読み書きもできる。

性格は、明るくて素直。特に問題は見受けられない。周囲の影響を受けやすく、自分の能力や行為に自信が持てない傾向があるので、自信をつけることが望まれる。

総合すると、知的内容にはまとまりがあり、訓練効果が望める。性格もよいので、将来、授産所移行までは可能である。職業適応については、持続性もあり、大まかな仕事にむいている。ただ、疲労しやすく、正確さに難があるので、企業ペースにはのらない。うまくいけば就業も可能かもしれないが、一応は授産施設への移行を目標に訓練していくのがよいだろう。

以上の結果から、授産施設の入所判定はパスした。

一九六六年十二月、陽子は、広島県立の精神薄弱者授産施設（当時）大野寮に入寮。すでに、きのこ会の京子が入寮しており、陽子の半年後には、晴樹も入寮した。

ＡＢＣＣに緊急入院した母は、子どもたちのことが気がかりで一か月余りで退院していた。一九六六年八月中旬、事務局が自宅を訪ねたときの記述が会報にある。

「西陽がまともにさし込んで、どこに暑さを避けるといってても避けようのない六畳一間に、蒲団をひいて寝ている。お母さんと一緒であることが、陽子ちゃんにはとても嬉しいらしい。買い物に行ったり、洗濯や掃除もかいがいしくする。お母さんは、二、三米歩いただけで、心臓が破裂しそうに動悸がうつので、ほとんど寝たっきりで、枕許にまないたをおいて、寝ながら料理をするのである。陽子ちゃんには料理が無理なのだ。当たり前なら、病気の母にとって二十才の娘はどんなにか頼り甲斐のあることだろう」。

事務局がＡＢＣＣの医師に事情を聞きに行くと、本来なら退院できるような状態ではなかったが、本人の希望で退院させたらしい。ＭＳＷも「ＡＢＣＣは生活保障をするところではない。生活保護を福祉事務所で相談されたがいいのではないか」という返事。そこには「ＡＢＣＣは検査機関であり、治療機関ではないという終始一貫した態度」があった。

恐れていたとおり、家庭での療養には限界があった。九月二十三日、母は広島大学医学部付属病院の被爆内科に入院。久美子によると、この頃から、母は病院を転々とし、入退院を繰り返すようになる。家を出たとはいえ、母のことが気になる久美子は、時々見舞いに行った。入退院の知らせは、長屋の近所の人たちが教えてくれた。

入院をしても、原爆に蝕まれた母の病状は回復しなかった。

一九六九年三月二十日未明、母は、病院で静かに息をひきとった。四十七歳だった。

その前日、久美子は母の見舞いに行っていた。

「もう、私が病院に行ったときは、ほとんど昏睡状態だったんです。でも、ちょっとだけ会話をかわすことができて、『なにか食べたいもんある?』言うたら『梅干が食べたい』言うんですよ。で、『じゃ、明日買ってくるからね』言うて帰ったんです。で、帰って、明け方……たしか三時か四時頃だったと思います。叔父が訪ねてきて、『お母さんが、もう、たいへん……』言うて、すぐ駆けつけたんですが、でも、もう、そのまま……。着いたときには、亡くなってた……。そばにいて……やれなかったんです……」

東京から兄も駆けつけ、葬儀がもたれた。久美子はこの時のことを、ほとんど覚えていない。

「……本当はね、私『母っ子』なんですよ。うん。ほんとうは、母っ子だったから……。すごいショックが大きくて……。だから、お葬式のとき、誰が来たかも記憶ないんですよ。近所のおばちゃんたちも来てくれた言うんだけど、その顔すら入ってないから……」

反発しても、じっくり話したことがなくても、久美子にとっては、かけがえのない、大好きな母だった。

陽子は、母の死を大野寮で知らされた。

「先生（職員）がなんかしらん、『亡くなった』とかなんとかいって……。この、風呂敷みたいの戻ってきてね……」

「う〜ん……どう言うたらええんかなあ……。（間）……ちょっと……悲しくて、口も、出さんし、できんかったし……」

「（お葬式には）行かんかった。大野寮におったけえ。先生が『もう亡くなっちゃった（亡くなられた）』言うてねえ……」

かつて母の病院に「一緒に泊ったこともあった」という陽子。多くは語らないが、母の死に衝撃を受けたことは間違いない。母にとっても、陽子を遺していくことは、どれほど気がかりだったろう。

バトンを継いで

葬儀を終えた兄は再び東京へ戻り、約半年後、久美子は十九歳で結婚する。陽子のことは夫には話したが、夫の身内には話せなかった。

親亡き後を母に頼まれたことはなかった。それでも、いつしか、母に代わって大野寮の面会に通うようになる。

大野寮は、広島県郊外の駅から七キロほど入った山あいの施設。月に一度、面会日が決められていたが、最初のうちは、すすんで行きたいという気持ちにはなれなかった。

「やっぱりね、どうなんですかね。理解はしてるつもりなんですけども、それは自分の姉のことの理解だけであって、他の障害者への理解ができない。やっぱり……。だから、近寄りがたいのもあって、どっか『う〜ん』いうような感じで行ってましたね……」

陽子の方は大野寮を気に入り、菓子箱作りの作業に夢中だった。大野寮の話になると、声を弾ませる。

「もみじまんじゅうの箱があるでしょ？　あれの機械で、こう、打ってね、やりよったんですよ。で、茶色の紙を、糊をつけて巻いていきよった。すごく好きでね、あれが……。ええ、巻くのが好きで……」

寮の生活は楽しく、友だちもでき、陽子は寮の暮しに溶け込んでいった。久美子も、楽しそうにしている陽子を見て、少しほっとした。

きのこ会の親たちの運動で、一九六七年に勝ち取った原爆症認定。陽子も最初に認定を受けたが、支給要件が整わず医療手当は受給できなかった（三章参照）。一九六八年の特措法により、ようやく特別手当が支給されることになる。

母が亡くなった後、きのこ会の長岡千鶴野から連絡が入った。このとき初めて、久美子は、きのこ会の存在を知る。

「私も家を出てたから、長岡さんもずいぶん探されたんだと思いますよ。で、突然連絡があって『特別手当がでるから』って。それまでは障害年金だけでしたから。『手続きしてあげるから来なさい』言うて……」

久美子は長岡とともに、結婚したばかりの夫が運転する車で大野寮へ向かった。

「雪のシャンシャン降る日でねえ。長岡さんが連れてってくれて……。途中のトンネルが、今でこそ、通り慣れて短い思うけど、あのときは、なんかすっごい遠くへ行く〜いう感じで、長いこと、長いこと……。（笑）で、トンネル出たら、雪がシャンシャンシャンシャン降ってるでしょう……。で、まず大野の役場へ行って、そしたら役場の人が『広島の県へ行け』って。でまた雪の中を戻って県へ行ったら、今度はまた『大野の役場へ行け』、役場に行ったら『大野寮へ行け』言うて、ねえ。もう、行ったり来たり振り回されて……（苦笑）」

大野寮は広島市内ではないので管轄が町役場と県になる。長岡や久美子たちにとって、手続きは難解を極めた。

「結局、手続きだけで何日か掛かったと思うんですけど、最後まで、長岡さんがずっと付き添ってくれてね。あの雪の中をねえ……。ほんと、ありがたかったですよ……」

長岡がいなければ、久美子は特別手当のことも知らないままだった。

「長岡さんはもちろんのこと、きのこ会がなかったら、今はないですよ。本当に正直なところ、姉ひとりをみるんでも、なにもないんじゃみれない。やっぱり、なにもなかったら夫婦間でも、きょうだいでも、なんかこう出てくると思うんよね……。だから、やっぱりああいうの（手当）があるおかげでね、円満にできるいうところも正直あるんですよ。本当。ありがたいです」

久美子は姉のことを周囲に隠しておきたかった。大野寮に行くのも気が重かった。ところが、二十一歳で長女が生まれ、二十三歳で長男が生まれた頃から、気持ちに変化が表れる。

「やっぱり、人の子の親なんでしょうね。子どもが生まれて、上の子が幼稚園行きだした位からかな……『ああ、これじゃいけんかねえ……』思うて、毎月、子ども連れて行くようになって。何かがちょっと違えば、私も、そういう子を生む可能性もあるわけだからね……」

子どもたちは、陽子のことを「山のお姉ちゃん」と言って慕った。主人の母やきょうだいにも自然に知られるようになったが、みんな理解があった。

「よう、お姑さんが言ってたんです。『久美ちゃん、お姉さんを大事にせにゃあいけんよ。お姉さんを』てね……よう言うてくれました。いい人でね……」

その姑も、もうこの世にはいない。

大野寮に入って何年か後、陽子は糖尿病で検査入院する。症状が治まって寮に戻ったが、「寮では糖尿病の食事療法ができないから、他の施設へ入れるか、ひきとってほしい」と言われるようになった。当時、陽子は三十四歳。東京から戻ってきた長男は三十二歳で、結婚したばかり。久美子は三十歳で、子どもは九歳と七歳になっていた。

姉のことで思い悩む久美子に、夫が言った。

「あちこち回したら可哀想だから、うちでずっと、みればいい」

この、夫の言葉で、久美子は姉をひきとる決意をした。

最初のうちは「大野寮に帰りたい」「大野寮はいいんよ」と言っていた陽子も、すぐ家族との暮しに慣れた。子どもたちも「山のお姉ちゃん」を喜んで迎えた。久美子と陽子は、たまに喧嘩もする。そんなときは夫が間に入ってくれる。

「主人のおかげで、ここまでこれました」

きっぱりと言う久美子。

兄も協力的で、ちょくちょく顔を出してくれる。幼い頃から苦労を分け合った兄と妹は、いまも、支えあっている。

陽子姉妹ときのこ会

一九八〇年、陽子が大野寮を出る日にも、きのこ会の長岡は、事務局の大牟田と一緒に手続きに来てくれた。そのことには感謝した久美子だったが、きのこ会の総会や誕生会に出るのは気乗りがしなかった。

「はじめの頃は、今みたいに毎回は行ってないんですよ。長岡さんから何回か電話されて、仕方なしに……いう感じで行ってましたから。あの熱意に、押されてねえ。長岡さんにしたら、ひとりでも多く近況が聴きたい、いう気持ちだったんでしょうね……」

久美子が通いはじめた頃のきのこ会は、原爆症認定が取れ、手記集も出版された後で、活動としては一段落した時期でもあった。会長は畠中国三から長岡千鶴野に交代し、会報はすでに途絶えていた。結成から十五年を経て、親の高齢化、健康不安から、親亡き後のことが最大のテーマとなっていた頃でもある。陽子だけでなく、何人かが親からきょうだいの代へ移っており、その環境にない人たちは、病院や施設への入所を考えるしかなかった。

久美子が出席した当初は、七、八名の親きょうだいが集っていたが、年とともに、ひとり、ふたり……と減っていった。総会の議題は、それぞれの近況報告にはじまって、最終的には「子どもと一緒に住める施設がほしい」という、今後の切実な生活保障へと集約されていった。

久美子は、同じような悩みを抱えている家族の話を聴き、徐々に積極的に参加するようになっていく。

きのこ会での出会いによって、社会とのつながりも広がっていった。仲良しの里美に紹介され、陽子は作業所に通い始めた。

「とにかく、里美ちゃんと一緒じゃったら、嬉しいんよ、なんでも（笑）」

一九八三年末からMSWが参加し、久美子は村上須賀子と出会う。社会福祉の専門家として話を聴き、相談にのりながら、利用できる制度のこと、そのための手続きなどを具体的に教えてくれた。一九九五年、被爆五十年目の調査では、村上の助言によって介護手当を申請し、支給されるようになった。

「介護手当というのがあるのは知ってたけど、最初から『番外』と思ってたから、考えたこともなかった。だから、村上さんとか外からの情報がない限りは、私らにはわからんのよね。手続きも面倒だし、ホント、ようわからん。やっぱり、なにかあれば相談できるっていう安心感は、大きいですね」

一九九六年には、村上を事務局長として「きのこ会を支える会」が発足。きのこ会は歳月とともに、構成メンバーも役割も変化しはじめている。今では、年に一度の誕生会だけが唯一の集いの場となってしまった。

それでも久美子は、「近況を聴けるだけでも、会はあった方がいいと思う」。陽子もきのこ会のことを「すごく楽しい」「写真うつしてくれるしね、いろんなもの出るしね、誕生会もしてくれるし、里美ちゃんも一緒じゃしね……」と目を輝かせる。

陽子姉妹にとって、きのこ会の存在は大きい。

陽子の日課は、毎朝八時半ころ家を出て、久美子の車で八時五十分ころ里美の家に着く。そこからは、里美とふたりで二十分ほどかけて、ゆっくり歩いて作業所に向かう。陽子は、足の悪い里美に歩調をあわせ、並んで歩く。「うちの姉も糖尿だから、歩くのは、ちょうどいいんですよ」。

作業所では、その日によって作業が変わる。シャンプーの試供品をハガキに貼ったり、調味料のスティックを数えて箱に詰めたり……。かつての検査では十までしか数えられないと言われたが、いまでは、二十五まで数えられる。作業所は「楽しい」と陽子はいう。月給は四千円ほどで、ボーナスが約一万円。とうてい生活できる金額ではないが、ボーナスの時には「一万円もろうた。一万円もろうた」と大はしゃぎする。

作業所が終わると、陽子と里美は、同じ道を帰る。

久美子が迎えに来るまで、数十分は里美の家で過ごす。八十歳をとうに超え、身体もすっかり弱っている里美の母にとって、陽子が立ち寄るこの時間は、貴重な架け橋でもある。母の様子に変わったことがあると、陽子はすぐ妹に報告する。里美の母は久美子に、自分が先立った後の不安も打ち明けている。本人同士だけでなく、その母と妹もつながっている。

家に帰ると陽子は、食事、入浴を済ませ、大好きな氷川きよしのCDをかける。一緒に歌いながら、ひたすら絵を描いて過ごす。人物画が得意で、少女マンガ風の似顔絵を描いてはプレゼントする。老眼鏡をかけ、心底うれしそうにマンガ絵を描く姉の姿に、久美子は少し、複雑な気持ちにもなる。

休みの日には、作業所の人たちとカラオケに行くのが楽しみ。作業所のコンサートでは、ステージの真ん中でリズムを取りながら、いちばん大きな声で歌っていた。

妹夫婦に見守られて、大好きな里美と一緒に作業所に通う。陽子にとっての毎日は、充実しているようにみえる。

もう少しで陽子も六十歳。今はまだ、自分の身の回りのことはできる。久美子が留守でも、食事の用意さえしてあれば、時間どおりに食事をして、食器を洗って置いておける。

だが最近になって、少しずつ衰えを感じると久美子はいう。

「たとえば、『今日は何日?』いうて聞くと、前は、○月○日、ってちゃんと答えてたのに、今は『○曜日』って答えるんです。以前はそんなことなかった。自分でちゃんとカレンダーに×印つけて、○月○日の、○曜日って、ちゃんと答えられてたのにね。歳とともにだんだんね、記憶も落ちてきてるしね……。療育手帳もはじめはBだったんですよ。それが十年前の更新のとき、Aになっちゃったんです」

陽子の将来について、現時点では特別な心配はしていない。普通にいけば姉より長生きできるだろうし、夫の理解もあるし、兄もいるし、「ここでみんなで一緒に」と思っている。陽子が入院したり、介護が必要になったとしても、「人手も足りてるし、介護保険も使えるだろうし、別にそう困らんように思う」。

ただ、もし自分が姉より先に逝って、夫も兄もいなくなったら、「施設にお願いするしかない」と思っている。「子どもに託すつもりはない」。それは決して、子どもたちが嫌がっているからではなく、子どもたちが新しく築きあげた家庭の、親戚一人ひとりへの気遣いからである。

「なにもいわないですよ、親戚の人たちは。でもね、お嫁さん、旦那さん、その両親、きょうだい……ってね、ひとりの問題じゃないんよ、それぞれに纏《まつ》わるもんがあるでしょ。だから、そこまでは、したらいかんと思ってる」

たったひとりの人生であっても、そこには多くの人と、たくさんの人生が絡み合っている。そのことを、久美子は痛いほど知っている。

これまでの道のりを振り返って、久美子の口から出るのは、「たいした苦労はしてない」「他人に恵まれてた」「行くとこ行くところで、いい人ばっかりに出会えた」「みんなに育ててもらった」と、出会った人への感謝ばかり。

だが、そう言いきれるような久美子だからこそ、周囲も放っておけなかったのではないだろうか。そう感じさせるものが、久美子にはある。互いに育みあうものがあって、いまがあるのだろう。

久美子は子ども時代、「家のなかが楽しかった記憶は全然ない」と言いながらも、「ほんとうは『母っ子だった』」と漏らした。

原爆によって当たり前の生活を破壊されたなかに生を享けた久美子。人に言えない想いを胸に抱え、母の亡くなった四十七歳という歳を、超えられるかどうか、少し心配だった。だがそれも、無事に超えた。そして、

「いまなら、母の気持ちがわかるんよ。飲まにゃあ、やっておれんかっただろうねって……」

「いまだったら、なんでもしてあげられたのにねえ……」

なにがいちばんしてあげたいか尋ねると、

「もしいま、母が生きてたら八十いくつかでしょう?……そうねえ、旅行とか、連れて行ってあげたいよね。まさか、もう、お酒は飲んでないでしょうからね(笑)」

「やっぱり、心が豊かになったら、人間って、そうメチャクチャできるもんじゃないと思う。いまだったら、子や孫がいて、和やかにいてくれるんじゃないかな……」

遠くをみつめる眼差しに、なけなしのお金をはたいて、お揃いの食器を母に贈った、幼き日の久美子が重なった。

最近、長屋のおばさんや親戚から、「お母さんと、なにからなにまでそのまんま」と言われる。歩き方も、しゃべり方も、煙草の吸い方も、親子とはこれほどまで似るものかというほど、似ているらしい。

「うちの母みたいには、絶対なるまい。ああいう大人にはなるまいって、ずうっと思ってたのにねえ。自分でも思うもん、そっくりって。やっぱり、血でしょうかねえ」

まんざらでもなさそうに目を細める久美子。ふと母が、そこで、笑っているような気がした。

母は胸に生きて

山田家は、母が二十三歳という若さで被爆し、初めての子どもが原爆小頭症の陽子だった。その後、長男と久美子が誕生するが、まもなく、夫が原爆症で亡くなる。

そして夫の死後、山田家の生活は崩壊の道を辿るのである。

幼くして父を亡くした子どもたちが、もっとも母の愛情を必要とする時期に、母は働きに出なければならず、充分な母子関係を築くことができなかった。

母は、生活を支えるために、弱った身体を引きずって日雇いの肉体労働を続け、さらに身体を壊していく。小頭症の陽子は、小学校についていけない。姉・陽子の障害を理解することができない妹は、同じ学校でも、最後まで姉妹であることを隠し通した。

原爆で親きょうだいのほとんどを亡くした母は、その光景を思い出すことに耐えられなかった。だから、子どもたちには、一切原爆の話をしなかった。

しかし母の身体は、その原爆によって確実に蝕まれていく。夫を亡くしたのと同じ原爆症の恐怖と闘いながら、幼い三人の子どもを背負った母の心中は想像に余りある。しかも、頼りの長女が原爆小頭症。

生活の糧となる仕事をするには、長男も久美子も余りに幼すぎた。本当は誰もが支え手を必要としていたのに、誰もが、支えきることができなかった。

母は几帳面で弱音をはかない性格だっただけに、思うようにならない自分の身体への苛立ちは募った。だが、その苛立ちも、不安も、打ち明ける場がなかった。それは自然に飲酒へと向かい、さらに身体を蝕み、子どもにさえ疎まれるようになった。

這うようにして働き、倒れ、病院に運ばれ、子どものためにと医師の制止を振り切って退院。

また無理をして働き、倒れ……病と貧困の悪循環はいよいよひどく、家庭崩壊へと向かう。

一方、母から原爆の話をまったく聞かされなかった子どもたちは、母の病気が原爆ゆえと理解することもできない。目に映るのは、ただ、だらしなく酒を飲み、身体を滅ぼしていく母の姿。子どもたちにとっては、家庭崩壊の原因は「原爆」ではなく「母の飲酒」だった。

母子ともに、胸のなかでは相手を想い、求めているのに、素直に表現することができなかった。生活に追われ、ゆっくり話をする時間もなかった。

想いあう行為はすれ違い、さらに傷つき、頼りにした子どもたちは家を出てしまう。


その母が、きのこ会と出会った。口数は少なく、原爆への恨みも、国への不満も、口にしたことがなかった。どこまでも控えめでありながら、きのこ会へは、仕事の都合をつけても出席していた。同じ痛みを持つ仲間同士、ただ集まるだけでも癒されるものがあったのだろう。あまりの生活苦から「困窮を訴える手紙」を会に出したこともある。それがわずかながらも、原対協の援助金につながった。手記は遺さなかったが、会報に寄せた手紙から、きのこ会が心の支えになっていたことが伺える。

陽子の家庭は、何かひとつでも違っていたら、大きく変わっていたように思えてならない。父親が健在だったら、母の病への対応が適切だったら、生活の基盤が整っていたら、親子の対話が持てていれば……。いちばん必要な時に、適切な援助に結びつけることができなかった、その無念さを感じる。

山田家の救いは、むしろ母の死後にある。陽子は大野寮での生活を楽しみ、弟も妹も、周囲に支えられながら、それぞれの新しい生活を築き上げた。

そして、小頭症の姉の存在を隠していた久美子が、陽子を引きとるのである。久美子のなかに母は生きていた。

親亡き後を久美子が引き受けることを、母は想像できたろうか。おそらく期待はしていなかったろう。しかし久美子は、夫の支えを得て、自らその道を選択した。それができたのも、きのこ会との出会いにより、制度を知り、手当を受け、社会資源と繋がることができたからである。

原爆小頭症は、ひとりの力だけで支えることはできない。ネットワークを作って互いに支えあうことで、それぞれが生かされてくる。障害を持った本人の可能性が伸ばされるのはもちろん、支援者自身の世界をも広げるだろう。

「心が豊かになったら、人間って、そうメチャクチャできるもんじゃないと思う」

久美子の言葉が、響く。

第八章 五男・浩二とその家族

木下家の特徴は、原爆小頭症である浩二が、十人きょうだいの末っ子として生まれたことである。被爆当時、母は三十八歳で、きのこ会でも二番目に高齢だった。山田家が家族として誕生したばかりであったのに対し、浩二の家族は、すでに二十年以上の歴史を持っていた。

原爆で三人の子どもと父を失った家族は、母と三女の道代を中心として生活を支えていく。浩二は、子どもの頃からずっと、十二歳年上の姉・道代に母代わりのように育てられた。

浩二は現在、広島県郊外にある知的障害者授産施設で、クリーニング作業をしながら寮生活をしている。月に一、二度は、広島市内にある道代の自宅近くのアパートで過ごす。

角刈りで、人情味溢れる風貌の浩二は、話し上手。茶目っ気のある笑顔が人を惹きつける。背筋はピンとして、礼儀正しい。優しいし気が利くので、授産施設でも人気者だ。そんな浩二も、幼い頃から母親のように育ててくれた姉・道代には頭が上がらない。姉弟の会話は、漫才のような絶妙の間合いで笑いを誘い、絆の深さを感じさせる。

今でこそ、「やっと、ゆっくり眠れるようになった」という道代の人生は、もの心ついた時から働きどおし。寝る間も惜しんで働く母に代わって、道代が、浩二の世話をした。学校の参観に行くのも道代だった。

すでに七十歳を超えた道代は、いまも毎朝四時に起きて、浩二のアパートまで自転車を走らせる。両親ときょうだいの仏壇に手を合わせることから一日がはじまるのだ。いつも周囲の人に気配りをし、いっときもじっとしていない。八年前、交通事故で生死をさまよったが、「浩二をおいては逝けない」という一念で乗り越えた。

家族を支えた道代の話を中心に、次男、四男、そして浩二からの聴きとりを交えて、木下家の歩みを振り返りたい。

被爆と家族の死

一家は、広島市内の天満町から、北榎町、広瀬北町へと家屋疎開をして住んでいた。父母とも明治生まれ。大正十五年生まれの長男を筆頭に四男五女に恵まれたが、次女は二歳で病死。長男は志願兵として満州に出兵していた。

父の本職は寿司屋だったが、米が手に入らなくなり廃業。「陸軍御用商人」の鑑札を請け、軍隊で食料品を売る仕事をはじめる。母が仕込んだ「うどん」「ぜんざい」「おでん」等をリヤカーに載せて、夕方から陸軍部隊の「酒保《しゅほ》」という売店のような所で売った。門のところで飯盒を持った兵隊たちが待っていて、飛ぶように売れたという。お酒も決められた範囲内で扱った。この仕事は、次男・隆や三女・道代も小学校の低学年の頃から手伝っていた。

父は広島県の小島・蒲刈の出身で、両親を早くに亡くし、親戚に育てられた。人々が助け合って暮すこの島への郷愁が深く、墓も生前に建てていた。お盆には家族を連れて墓参りに帰り、豆腐屋をしている知人の家に泊っては、夜も明けぬうちから豆腐作りを手伝った。父母ともに、人づきあいをなによりも大切にしていたという。

一九四五年四月、道代（小学六年生）と三男・学（小学四年生）は、学童疎開する。

「最初はね、汽車に乗って遠足に行くような気分じゃったんです。それがね、一晩、二晩と寝るうちに、だんだん家が恋しくなってね……。今から思えば、感謝しかないんですが、当時はもう、寂しい、帰りたいばっかりでしたね。お風呂に入るんでも男子が入ってから女子が入るんじゃから、もう、おへその下くらいまでしかお湯がなくてね。それも、ねずみ色なんですよ。でまた、うちの弟が気がやおうて（弱くて）、泣くんですよ、『帰りたい、帰りたい』ってね……」

被爆時、広島市内にいたのは、父（四十六歳）、母（三十八歳）、長女（十六歳）、次男（十三歳）、四男（六歳）、四女（四歳）、五女（二歳）の七人である。

長女は女学校に入ったばかりだったが、算盤ができたので、市の中心にある芸備銀行本店に勤務していた。当日は天神町の家屋疎開に動員され、作業中に被爆。お骨さえ見つからなかった。

父は広瀬北町の自宅（爆心から約一キロ）に、四女といた。父の友人が来ており、父は手洗いに入っていた。

その瞬間、父と友人は助かったが、四女は建物の下敷きになった。足だけが見えて、ばたばたさせている。懸命に助け出そうとしたが、四女の上半身は壁土で押さえつけられ、どうにもならなかった。そのうちに、火が回りだした……。

父はこの時のことを、子どもたちに一切話していない。すべて父が亡くなった後、一緒にいた友人から聴いた話である。隆は、

「言いたくなかったんじゃないですか、やっぱり……。目の前で、子どもを死なしてるんですからね。そのときの、親父の気持ちを思うとね……。私らでも、ずっと、話せなかったです……」

妊娠三か月の母は、二歳になる五女を連れて、近所の橋のたもとに勤労奉仕に出ていた。爆心地からの距離は約一キロ。母は両手、両肩、右足にひどい火傷を負う。そして、お腹のなかにいた浩二も、被爆した。

五女のことは、「わからん」「吹っ飛んだ」と言うだけで、それ以上のことはなにも語らなか

った。五女は色白の可愛い子だった。その五女を、活発な四女がいつも庇うようにして遊んでいた姿が、兄・隆の目にやきついている。

次男の隆は、江波町の三菱造船工場（爆心から約四キロ）で学徒動員中に被爆。中学二年生だった。

「船底の組み立ての下へ入って、作業開始の時間を待っとったんです。そのとき尖光と爆風があって、工場のトラブルかと思ったんです。で、外へ出てみたら人がざわざわして……きのこ雲が上がっていくのを見ていました」

なにが起きたのかわからなかった。「土橋の方で爆弾が落ちたげな」という噂がひろまり、工場から出ることもできなかった。

「午後三時頃になってやっと出してもらって、『行く処がなかったら、もういっぺん帰って来い』ということだったんです。で、私は川沿いに観音橋まで出て、そしたら、みな、物の陰とか荷車の陰とか、欄干の陰から、真っ黒い顔した人たちが『兵隊さん助けてくれ』いうて……学生服着てたもんですから、間違えられたんでしょう。で、それから先、家へ帰ろうとしたんですけど、熱気やなんやらで、とても行ける状態じゃなかった……」

仕方なく、南観音にある母の実家に向かう。

「母の実家へ行ったら、天井が落ちてから、家のなかひっくり返したようになって、祖父母が必死になってその片付けをしよりました。で、『連絡なかったか?』と聞いたら『何もないで』いうことでね。で私は、そこへは身を寄せることにはならんな思うて、また江波の三菱へ帰ったんです」

不安を抱えたまま、隆は、三菱の防空壕で一晩を明かした。

小学校一年生だった四男・正敏は、学童疎開の対象にならず、天満国民小学校(爆心から約一キロ)で被爆した。

「校舎で友だちと話しとったら、ピカッと光ったから振り向いたんですよね。で、ドンいうた時には、もう、校舎の板張りを突き破って落ちとった。落ちた瞬間わからんようになって、じっとしてから『ここどこやろうか……』思うてみたら、空気抜きの排気口が見えて……そこから這い出たんです」

当時の学校は基礎が高く、隙間に落ちたお陰で助かった。手、顔、胸、首にはガラスの破片が突き刺さっていたが、そんなことに構っていられなかった。

「出てみたら、そこらじゅうみな、倒れとる……男の人が目を開けたまんま手を挟まれとったから、引っ張ってあげたら、もう死んどったんですよ……。そのうち火が回ってきてね、川へ降りたんです。その天満川がちょうどね、満ち潮になって、その後、引きだしたんです。そしたら人が流れてくる。馬やらも流れてくるしね……で、よう泳げんから岸へはりついとった。で朝鮮の大人の人なんかも川におって、そのスカートに掴まったりしてね……」

川の水が引き、自宅へ帰ろうとしたが、家路にある電話局の窓からは、火がいっぱいに吹き出していた。逃げてくる近所の人に会い、「もう、あんたがたはないよ（あなたの家はないよ）」と言われ、しかたなく一・五キロほど先にある三滝の叔母の家へ向かった。

藁葺きの叔母の家は、すべて焼け落ちていた。

小学校一年生の正敏は、長束の親戚をめざし、さらに二キロの道のりを行く。

「長束へは、父が家財道具を疎開させるのに一、二回ついて行ったことがあったんですよ。その記憶を頼りに、ひとりで、歩いて行きました。朝食べたきり、途中で炊き出しのむすびをひとつ貰うただけでね。着いて、まあ、空腹と疲れとででしょうね、二、三日寝とったらしいです、倒れてね……」

その後、原爆の後遺症がでた。

「黒い雨をかぶっとるんで、手でこうやったら、髪の毛がズルッズルッと抜けました。それから、口の中に薄い皮かぶった、この位（小豆粒くらい）の血の塊ができるんです。で、ベロで押すとね、ポロッと取れるんです。そういうのが、下の先とか歯茎とか、口の中にいっぱいできましたね。それがなんじゃったんか、今でも、ようわからんですがね……」

被爆した七人の家族のうち、長女、四女、五女の三人は、帰らぬ人となった。

翌七日、隆は自宅町内の避難場所であった古市小学校へ向かう。避難者名簿の中に家族の名前はなかった。なんとか探そうと歩き回り、その夜は、お寺の縁の下で眠る。

八日の朝、隆は正敏と同じように、焼け落ちた三滝の叔母の家を訪ね、長束の親戚宅へと向かう。そこで、二人の兄弟は再会した。

九日、長束に叔父（父の弟）が訪ねてきた。古市小に父の名前があったが見つからなかったという。隆はすぐ駆けつけ、受付のところに立っていた父を見つける。

「あのときは、まあ、喜んでねえ……ほいで、『正敏も生きとる』言うたら、また、まあ、本当に喜んでおりました。半分、諦めとったんじゃと思いますねえ……だからねえ」

父が遅くなったのは、母の火傷がひどくて動かせず、焼け跡の土手で幾晩か過ごしたためだった。

「父は元気だったんですよ。ほとんど無傷でね。ただ目がね、目が、どういうんか真っ赤で、ただれたような感じでした。それから、肩に小さい傷が二か所ほどあったですね。物の当たったような傷だったですね」

「母はひどい火傷を負って、寝たきりで、意識もほとんどなかったような状態でした」

父母と再開した隆は、父に代わって母の看病をする。

父は長女の消息を尋ね、焼け跡を歩き回ったが、お骨も見つけられなかった。自宅の焼け跡を掘り起こし、四女の遺骨を拾いあげる。五女がついていった橋の近くも掘り返した。それらしい骨を見つけて、拾う。

父は避難所のなかでも、同じ教室の人の面倒をみたり、部屋の掃除をしたりして、動き回っていた。

九月に入って、元気だった父の様子が変わってきた。

「焼け跡には何回くらい出かけたかねえ、古市に帰ってきてから、『なんか風邪ひいたみたいわ』言うてからねえ……そのうちに、声がかすれてきて、髪の毛が抜けて、身体にポツポツ斑点が出て……」

「数日くらいは床について、うわ言みたいなこと、言いよりましたねえ。『帰ろうや、帰ろうや……』言うて、『どこへ帰るんや?』言うたら、『長束へ帰ろうや』言いよりました。ええ……じゃからまあ、疎開先へ、荷物疎開させたとこへ行きたかったんでしょう……」

長束は、正敏が療養しているところでもあった。

そして、九月五日の未明。

「明け方、ふと気がついてみたら、姿が見えんかったんですよ。ほいで、どうしたんじゃろうか、トイレじゃろうか思うて探したら、古市小学校の門のところで倒れとって……そこで、こと切れとりましたね……」

四十六歳の生涯。父は、どこへ行こうとしたのだろう。どこへ、帰ろうとしたのだろう……。

母は寝たきりで動けず、隆はひとり、父を荼毘《だび》に付した。まだ十三歳。

「あの日はね、ちょうど五人、荼毘に付したんですよ。古市の河原でね。でもね、そのときは、呆然として、涙も出んかったですよ……。これからどうしよう、どうようにしたらええんか、思うてね……」

それから二十年以上、隆は、父のことを話すことができなかった。話そうとすると、言葉がつかえて、詰まって、涙がとまらなくなった。

避難所からバラックへ

隆が母の看病をしながら途方に暮れていた九月十七日、枕崎台風が襲う。

「『水やー！』言うたとき、私の布団は浮いとりました。あの安川の堤防が切れたんですから。教室の外からわーっと水が入って来よった。ほいで、暗闇の中を夢中で母を負ぶって水の中を逃げ回っていたら、大人の人が『こっちへ来い』いうて窓枠に掴まらせてくれて……」

しかし水はずんずんと上がり、窓枠の高さも超えた。隆は、わらをも掴む思いで、流れてきた廃材にしがみついた。天井に手がつくほど水位が上がったところで、ようやく一命をとりとめる。だが、同じ教室にいた、背中を火傷した消防士は亡くなった。

「（消防士が）声のするほうに動こうとして、大人の人が『今動いたら駄目じゃー』いいおられたんです。はじめバサバサしよられたけど、そのうち声かけても声せんようになって……。そして教室の真ん中で、ボコッボコッて泡が浮くのを、今でも憶えとります……。だから、ちょっとの判断の違いで生死を分けられた。やっぱり、『こっちへ来い』いうて手を貸してくれたのが、助かった要因ですよね」

父と妹たちの骨は、台風の前に蒲刈の知人が見舞いに来て持って帰ってくれたため、無事だった。

広島の噂は疎開先にも広まり、十一歳の道代と九歳の学は、不安な想いを抱えていた。

「『広島は、もう丸焼けじゃとぉ』言われて……『死んどるんかねえ、生きとるんかねえ』言うたら、弟が『お姉さん、お姉さん』て泣くんですよ。で、『泣きんさんな。あんたが泣いたら、姉さんも泣きとうなるじゃない』言うちゃあ、お寺の階段のとこ座ってね……蚤をとりながら、泣いて……ねえ……。そこが、汽車が通る駅の、ちょうど上じゃったんです。で、弟と二人で汽車を見ながら、『これ乗ったら、帰れるのにねえ』いうて……」

やがて道代たちは、先生に連れられて広島へ帰る。

広島の街は、なくなっていた。

「なにも、なかったですがねえ。でも、人間いうもんは、ああいう時でも、『うちのとこだけは残っとる』思うんですよね。『うちの家だけは大丈夫じゃ』てね。そいでもね、行ったら、なんにも、なかったです……」

道代と学は母の実家に行き、父母のことを聞かされる。母たちは、親戚宅へ身を寄せていた。

「母親が、縁側で座布団敷いてもろうて、座っとりました。どこのおばあさんじゃろうかねえ……思うたら、うちの母親じゃったんです。で、そこも母の弟のお嫁さんの里じゃから、長う世話になるわけにはいかんから……」

結局、叔母（母の妹）が、焼け跡に陸軍病院の廃材で急ごしらえの家を建てたので、そこへ呼ばれて移った。

母は火傷の傷だけでなく、あごの骨が崩れて外にとびだしていた。一里以上先にある草津の小学校で治療してくれるという噂を聞き、道代は母を連れて草津へ向かう。

「大八車へ座布団敷いて、母を乗せて、草津まで連れて行きました。で長いこと待って……赤チンちょっと塗ってもらっただけじゃったです。なんも、治療も薬もなかったんですよ」

帰り道、母を乗せた大八車を引いて、焼け跡を歩いた。

「広瀬へ、家があったところへ行ったら、茶碗とかなんやらの焼けたんがね……そこで見てね、初めて、『本当にないんじゃね……焼けたんじゃね……』思うたです」

叔母の家も、戦争に行った叔父が帰らず、五人の子どもを抱え、食べることもままならなかった。動けない母に代わって、道代が叔母の後をついて木切れ拾いに行った。

「私が寝とったら、母親が私の足を突っついて『一緒に行け』言うんですよ。で、私も炭俵背負うて叔母さんの後付いていくんです。これ位の（短い木）でも、落ちとったら拾うて、ひこずって帰って来よりました。そしたら、いとこも私と同じ位の歳で、食べるもんない頃ですから、『ここはうちがたでー（うちの家だよ）』言うてから……それが親がせんない（切ない）もんですから、福島町の親戚のとこへ移って……。でもそこもやっぱり居辛くて、十一月には、天満町の焼け跡に移ったんです」

助けたい気持ちはあっても、みんな、自分たちが暮していくだけでギリギリだった。母、隆、道代、学、正敏の五人は、天満町へ向かった。頼りの父はもういない。姉と可愛い妹たちも失って、女の子は道代だけになっていた。

天満町は、かつて家族が住んでいた街。十一歳の道代は、昔の知り合いを頼って焼け跡の土地を借りる交渉に行く。地主が父を信頼していたお陰で借りることができた。長束に疎開させていた姉のミシンや品物を売って、資金を用意した。廃材を集めてバラックを建てたのは、十三歳の隆である。

「兄がまだ中学のときですからねえ。今考えたら、ほんま、どうやって建てたんやろう思います。柱立てて、上にものを、こう、置こう思うた時に崩れて、ほいで、はすかいにして、こうして（支えあって）やること覚えたんです。じゃけ、人間は、どうしてもやらにゃいけん時には、できるんです」

兄が建てたバラックに家族五人が住み始めたのは、十一月の終わり。吹きさらしで、冷え込みの厳しくなる頃だった。

「屋根なんて、トタン、拾うてきて張っとるだけじゃから。寝てる布団のヘリを見て、『あれ、雪が降っとる……』いう、そういう、優雅な生活……（笑）」

母は、その頃になってようやく動けるようになっていたが、どこへ行くのも道代が傍について、身体を支えていた。町内のことは全部、道代がやった。

浩二の誕生とその後の家族

新しい年を迎え、寒さに凍える三月一日の未明、浩二は生まれた。

五人の家族は、ひと間きりの部屋に布団を敷き、真ん中に載せたコタツに足を突っ込んで、布団がちぎれるほど引っ張って寝ていた。

「夜、母親が『起きて、起きて』言うんですよね。『どしたん?』言うたら、『子どもが生まれた』言うてから……。私は、子どもが生まれる時には、土手まで行って、潮が引いとるか満ちとるか見る、いう役をいっつもしとったからね……。『ほいじゃ、湯沸かさにゃ』言うたら、『いや、寒いけえ、火をいれてくれ』言われたんです。豆炭が切れとったけえねえ。そいで、

『夜が明けたら、産婆さん呼んで来てくれ』言われたんです。そいで、その、へその緒がついたまま、夜が明けるまで……。そいで私は豆炭をやって、そこへ寝たんですよ。浩ちゃんもそのまんま……。ほいで夜が明けて、産婆さんとこ行って、『子どもが生まれたけえ、来てくれ』言うたら、『いや、指疱瘡が出とるから行かれん』言うて、『行かれんいうても、生まれとるんじゃから来てくれ』言うて。そしたら、『へその緒だけ切ってあげよ』言われて、そいで切っ

てもろうて……。そいじゃから、生まれた時もね、えっと（たくさん）泣いたんか、泣かんかったんかどうか……記憶にないんですよね……。本当に、こんな小さな子（両手に納まるほど）でしたからね……」

「ひと聞きりで、寝たり起きたりしよんじゃから。布団たたんで隅へ置いたら、（浩二を）柳行李へ入れてから、布団の上へ置かにゃあ、踏んじゃあいけんけえ……。で、食べさすもんも、着せるもんもなかったんですよ。なに着せたんか、ようわからんですよね。でも、病気もせんと、なんとかね……」

道代には、天満町のバラックで、忘れられないことがある。浩二が二、三歳頃のこと。

「比治山のＹＭＣＡじゃない、なんじゃったか、あこから（ＡＢＣＣ）ね、人が来て、浩二をそこへ連れて来てくれ言うちゃったんです（言われたんです）。で、私は『うちには別におかしいのおらんですから。あこまで行かんでいいです。お宅らのお世話になるようなことはありません』言うてね、えら気に言い切ったんです」

「あのごろはね、あそこへ行ったらね、なんやしらん、自分らの資料にするために（検査を）するんじゃけえ、『あがいなものは行くもんじゃない』いう話があったんです。それを私は、子ども心に聞いとったから」

しかし結局は、何回も来られて、最終的に浩二は検査に行っている。隆によると、母も何回か行っていた。いつも「裸になるけえ、いやや」と言っていたという。（ＡＢＣＣが比治山に開所したのは一九七五年で、浩二が二、三歳の頃は宇品にあった。現在も比治山に建物があるため、道代は「比治山」と言ったと思われる。）

戦後の暮しは、毎日が「朝食べたら、昼、なに食べようか、食べるもん、あるじゃろうか」というギリギリの生活だった。「私らが通った後は『草も生えやせん』いうてね。草でもなんでも食べよったもの」と道代は笑う。

家族全員が揃って暮せた期間は短く、隆はまもなく外へ働きに出た。少しでも負担を軽くするためにと、神戸の叔母（父の妹）が四男の正敏を引きとったこともあったが、ひどく恋しがるので広島に戻された。長男は無事復員してきたが、職を探して、ふたたび家を出た。

浩二のことは、「少し遅れてるな」「もの言うのが遅いな」とは思ったが、それが原爆によるものと考える余裕すらなく、その日その日を暮していくことで精一杯だった。

少しずつ動けるようになった母は、寝る間も惜しんで「むすび売り」をはじめる。

「駅前で、闇で仕入れたお米をね、五升釜で炊いて、むすびにして、駅前行ってそれを売って、そのお金でまた仕入れて……。近所の人からも、『いつ寝るんか』言われるくらいねえ。

ほんと、もう、よう頑張ったです」

道代も母を手伝い、さつま芋を蒸かして、新聞紙にくるんで売り歩いた。学校に行く間などなかった。

「住み込みでもなんでも、お金になるもんは行ったんです。そしたら近所の町内会長さんが、気の毒がったんじゃ思います。あの、日雇いで、焼け跡を整理するいうのがあったんです。で、『道ちゃん、あんた行ってこい。そしたら、ええがい（いいように）にしたげるから』言うて、そいで、子どもでも、一人分の日当もろうたんじゃ思います」

「針金でもなんでも、集めといたら目方で売れたんです。ほじゃから、仕事しいしい、大人はそれを探すの精一杯で……。私ら、焼け跡のもの、あっちゃやったり、こっちゃやったり、重ねたりねえ。そしたら、まだ、骨が出たりねえ。ほじゃから、そこで亡くなった人がね……。いろいろありましたよ」

やがて近隣の紹介で、杉之浦（宮島の裏）に住み込みで働くようになる。

「『一円でも使わんようにして持って帰らにゃ』思うて。住み込んどったらお金使わんですむし、食べさしてもらえるからね」

物々交換の遣いにもたびたび行かされた。道代は、どんな所でも、一度連れて行かれると道を憶えた。

「一回は、そこの娘さんの着物を持って、買い物かごを風呂敷で背中に負うてから、八重の方（広島県北部）まで行かされてね。『お米と換えてもらえませんか』言うたら、『もう家は着物はいらん』言うんじゃけど、こまーい女の子が宮島の方から来とるんじゃけ、そのまま帰す訳にはいかん言うて、お米と換えてくれて……。ほいで、バスに乗って、可部から汽車に乗って宮島へ出て、それから船に乗って、山ひとつ越えて帰ったら、『ああ、ちょうどええとこ帰って来てくれた。ちょっとすまんが、もう一度行ってきてくれんか』言うて、また、山越えてね……。住み込みいうのはあんなもんで。それでも、あれは五〇〇円かなんか貰うたんですよ。で、途中で降りて家へ寄って『お母さん、これでお米買いんしゃいよ』言うて……」

家のために、母のために、一円でも多く稼ぎたい一心で働いた。「遊んだいう記憶がない」道代の子ども時代だった。

隆は、浩二が生まれてまもなく、仕事を探して豪州兵のキャンプに行くが断られ、三菱造船のドリルの穴あけ工として二、三か月働いた。その後、叔父が食糧営団の「だんご」を作ることになって呼ばれる。

「（食糧営団は）米の配給を司るところなんですね。団子を作るんですよ。海草を入れたりして『江波だんご』いうのがあったんです。ちょっと噛むと、ジャリジャリするようなね。ほいで、粉もいろんなもん入れてから、さつま芋ふかして潰してね。それを団子にして売ってました。叔父はもともと最中の皮を作ってたんですよ。で、仕事場が残ったから。ボイラーや、杵なんかも焼け残ったからね」

「でもね、三菱のも、団子のも、なんぼも稼げんかったです。ほんの小遣い程度で、母親に渡す程もなかったんじゃないかと思いますねえ」

その後、アメリカから小麦粉の配給が入り、酒種でパンを作って売るようになる。基礎の技術を身につけたいと思った隆は、神戸の叔母を頼ってとびだし、最終的に大阪の天下茶屋で洋菓子職人に弟子入りする。

「広島から出よう思ったのは、早く手に職つけて一人前になりたいいうのと、都会行ったらなんとか、もっと、いいことがあるんじゃないか……いう気持ちもあったんですよね……」

親方は、神戸の有名な店で叩き込まれた職人で、戦前は高島屋の洋菓子部長をしていた。

「親方のとこ行った時、『十六かあ……ひねてんなあ……』言われたのを憶えとるんです。それは今でも、はっきり記憶にあります」

それだけ、辛酸を嘗め尽くした十六歳の隆だった。

大阪での仕事は、表向きはパンの委託加工。客が持ってきた粉でパンを焼いて、手間賃を貰う。同じように、焼き芋の賃焼きもした。夕方になってからはケーキを焼いた。粉や砂糖は闇で仕入れたので、統制経済に引っ掛からないようにするためである。

「夕方から朝方にかけて作って売って。作ればもう、いくらでも売れる時代だったですねえ。甘さに飢えてましたから」

四、五人の弟子仲間と、親方にぴったりくっついて働いた。親方はパン学校の講師もしており、夜通し働いた後でも、隆は講習について行った。

しかし三、四年の修行の後、隆は広島へ戻る。

「まあ、山っ気が多いんですよ、私は。早く一人前になろうと思うて行ったんですけど、やっぱりねえ……挫折して。で、広島へ帰ってきてから、俗に言うバタンコ（三輪車）乗ってみたり。それもいろんな店変わってみたりして。で、昔の修行仲間が西ノ宮行ってるのを訪ねて潜り込んだりね……」

小学一年生のとき被爆した正敏は、三歳頃からの記憶が、断片的に残っている。

母の膝にのって、妹と乳の取りあいをしたこと。癇が強くて虫きり（癇の虫）に行かされたこと。父が、陸軍の鑑札の仕事が駄目になってからは、よく構ってくれたことなどである。道代によると、小さい頃から「さいじな子（頭のいい子）」と評判だった。

父は面倒見が良く、将校が馬に乗って来れば酒を振舞い、新兵に対しても、あれこれ世話をやいていた。時には料亭のような所で「寄り」がもたれ、父はいつも正敏を連れて行った。それだけに、父との想い出も鮮明である。

「親父と、よう、朝でも、太陽向って手合わしてね。護国神社でも、箒を持って掃きに行ったり。蒲刈の墓参りには、一日がかりで宇品からポンポン船に乗ってね……。食べるもん、どうしようかいう時でも墓参りは欠かさんかったね。仕事やめたときには、大きな釜やなんか、近くの寺に寄付しとったしね」

「親父はね、お洒落でもあったしね。おふくろはクリームもつけんような人じゃったのに、親父はちゃんと、クリームつけてね。戦時中でもね、着るものもきちっとしてね。じゃけ、親父と銭湯行くとね、きれいに、やおうに洗うてくれる。おふくろの時は、しっかりと、ぎゅうっとね。じゃけ、おふくろと行くのは嫌いやった(笑)。石鹸が入ってもキューーっとね。そりゃまあ、次々おるんでね、やねこかった(大変だった)んでしょうけど。親父はガーゼで拭くような感じで、顔でも、きれいにしてくれよったしね」

父は長男で、早くに両親を亡くしたこともあり、弟二人と妹の父親代わりもしていた。

「我がこと放っといてもね、弟や妹のためには、なんでも、しよったからね」

被爆後、長束の親戚宅で療養していた正敏は、少し回復すると、電車に乗って避難所の両親に会いに行った。父っ子だった正敏にとって、父の死は、ことさらこたえたに違いない。

「私は、楽天的いうか、あんまりこう……まあ、悩む時は凄い悩むけども、ある程度でパッと切り替える性格、あるからね」

というが、正敏は、きょうだいのなかでも、いちばん最後まで被爆体験を語らなかった。

「まあ、親父にしても、妹にしても、原爆落ちて……普通の死に方なら……まあ、普通いうのもあれですけど、むごい死に方……したもんですからねえ……。想い出したくない、いうか……親父の気持ちに、立ったときに、ねえ……」

「いや、それはね、我が子を……生きとるのを、目の前で『助けてくれ』いうのんをね……助けられんかった……いうの、どうしても、胸に、くるもんやからね……」

焼け跡のバラックで、正敏の瞼に残る情景がある。

「終戦後、軍隊が解散になったんですよ。で、帰りに新兵さんらが訪ねて来ちゃって、自分らの『背嚢《はいのう》』いうてリュックサックから、缶詰やらお米やら、なにがしかの物、置いて帰ってくれちゃったんです。そいで、（新兵さんが）親父に、もの言うて帰る言うて……。『亡くなった』言うたらねえ、あの……ちょっと……手……合わして……ね……」

父が遺してくれた「人からの信頼」が、なによりの財産だったと三人は口を揃える。叔父や叔母が、厳しい生活のなか世話をしてくれたのも、それまでの父あってこそと、感謝している。終戦当初は、父が遺した幾ばくかのお金で、そこそこは食べられていたが、新円切り換え（一九四六年二月）とインフレで、生活は底をついた。

「親父もおらんしね。ずいぶん惨めな思いもしたです。何回も、死のう思うたことあるよね。二日も三日もめし食わんと、水飲んでね。四日目に食べられるかいうたら、食べられん訳じゃからね……うん。隣近所は貧しいながらも食べていきよった訳じゃからね。じゃけ、給食費も持って行かれん。で先生に、『忘れました』言うて。忘れたんじゃない、『ない』んじゃからね……」

小学校三年生の頃から、正敏も、近所のブリキ屋に手伝いに行って、ご飯を食べさせてもらうようになった。

「家のきょうだい皆じゃけどね、働くことは苦にならんの。人の三倍、四倍でもね。五つぐらいの時から、近所の配給所のリヤカー押して帰ってね、芋一つ、二ついうて貰うて帰ったりしよったからね。まあ、今思うたら遊びみたいなもんで、押したいうたって、何の足しにもならんけどね。じゃけ、みかんひとつ貰うたりね。昔の子はみんな、しよったです。うちの姉やらでも、妹を背負うて家事やらしよったからね。姉と兄と三人で軍隊へ荷物持って行ったこともありました。だから、働くんは苦にならんのじゃが、戦後のひもじい、着るものもない、そういう時は、みじめなかった（みじめだった）ですよね……」

それでも、懸命に母と姉が働いて、おにぎりや巻き寿司を駅前の店に卸すまでになる。正敏はその集金に行かされた。

「駅前の寿司売る店へ集金に行くんですよね。じゃが、店が閉まるまでくれんのです。そしたらね、電車が無いなるんで、歩いて帰らにゃいけん。広島駅からね。そいで、それ持って酢を買いに行くから、店が閉まってからになる。昔は板戸でね、バーッと閉めるんですよ。で、横の潜り戸の方から戸を叩いてね、持っていった空の一升瓶に一合くらい買うわけ。海苔も榎町の方へ行って問屋の戸を叩いて……。ほたらもう、ぐずぐずいう訳ですよ。『閉めとるのに』て……毎日やからね。こっちも嫌なんじゃが、しょうがない、それ行かにゃあいけん……」

その日の売り上げが明日の仕入れになる、綱渡りの毎日。しかも、米は闇でしか仕入れられなかった。

「おふくろも、『闇米やるけえ、先金くれ』言われて、それで金持って逃げられて、そういうの何回もあるからね。昔はしょっちゅう、ああいうの普通じゃったね。それでも、それしか頼るあれがないからね。それでずいぶん苦労しましたよ。おふくろ、ようやったなあ思いますよ」

「（集金にやらされて）その時は腹立ってなんしたけども、今思うたら、おふくろは、弟のあれ（浩二）を背中へくくってね、米を持って、最終で帰って来るんだけえね。ようがんばったよねえ……」

家のなかは狭くて、仕出しの材料を作るにも充分な場所はなかった。そのため、浩二がよちよち歩きの頃、大やけどをしたことがある。

「ちゃんとした竈《くど》がなかったからね。石並べてレンガ並べて、鉄鍋かけて湯を沸しとったんですよ。おふくろが油揚げを炊くとかでね。で、浩二が腹が減るもんじゃから、それ、手かけて、そしたら、湯がひっくり返って、尻から足までずる剥けになってね……。薬ないから、『人造バター』いうてマーガリンを新聞紙につけて貼ってからね。夏じゃったけえ、涼み台の所へなんして、蝿やらなんやら来るけえ、こうして扇いでから……。当分、がに股で歩きよったけど、傷は残ってないですよ、今はね。当時はあったですがね。表面がやけたけえ、ケロイドも軽かったんですよ。お尻から全部いっとったけどね」

一部始終を傍で見ていた正敏にとって、忘れることのできないこの事件も、浩二本人は憶えていない。

安住の地を求めて

バラック暮しも三年を過ぎた一九四九年。広島平和記念都市建設法が公布され、一〇〇メートル道路建設のための立ち退きが行われた。道代たちも、隣人から「あんたがたも退かにゃあ」と言われ、復興局まで事情を尋ねに行く。すると、木下家のバラックは立ち退きの対象ではなく、隣人がその土地を買っていたことがわった。

道代たちには行くあてがない。十五歳の道代は、地主をはじめ、あちこち交渉に走った。父が遺してくれた火災保険と生命保険が下りたのが、頼みの綱だった。

「十坪でいいから、どっか分けてくれてでないか」と頭を下げる道代に、近所のおじさんが「あんたが言うんだけえ、分けてあげるよ」と、東観音町の十坪の土地を売ってくれた。

「ほいで、とりあえずその上に、そぎ葺の家を建てて、瓦は、儲けたら上げりゃあええ言うて、板をやって……お金ができたら木舞をかいて（木切れを組んで）と、そういう風にして、家ができたんです」

道代にとって、家族で雨露をしのぐ場がなくなるかもしれないという経験は、後々の人生にまで影響を与えた。

「あの時に『退け退け』言われたから、今日があるんです、私は。そのとき覚えたのが、『下（の土地）が人のじゃったら、こういう問題がおきる。上と下は必ず自分のもんじゃなけりゃいけん』いうことなんです。じゃけえ、『絶対に上と下は自分のもので』いうのと、いつ困っても、『食べれるようにだけはしとかにゃいけん』ということね。だから私は寝る間も惜しんで働きました。やっぱりね、人間いうのは、火の粉が降りかかったら振り払わにゃあいけんけえ、一生懸命やるんですよ」

現在も、きょうだい全員が自分の家を持っている。「金がないけえ買えん」という兄弟と喧嘩をしてでも、道代が持ち家を勧めたからである。浩二のアパートも母と力を合わせて確保した。安住できる住まいの大切さを、道代は、身に沁みていた。

東観音町で生活をはじめたのは、母、道代、学、正敏、浩二の五人であった。十坪の家は、ひと間の部屋と土間があるだけだった。

「布団を敷いて寝たら、そこ片付けてご飯食べて、その横で薪を焚いて仕出しのもの作って……。じゃから、こうして、ひとつのこと動かさにゃあ寝る場所もないから、寝る暇がないんです。朝から晩まで、何かしよった」

一キロの至近距離で被爆した母は、すでに原爆症を患っていたことも考えられる。だが、そうしたことはひとことも口にしていない。道代にとって母は、「いつも、黙々と働く人」だった。しかし、働いても働いても、暮しは厳しかった。

一九七〇年には生活保護法が施行された。食べ盛りで、いつもひもじい思いをしていた正敏は、母に生活保護を受けることを勧めたが、母はがんとして「受けけん」と言い張った。

大阪で修行中だった隆も、盆や正月には、すし詰めの電車に揺られて帰ってきた。

あるとき隆は、今までに見たこともない母の一面に触れる。

「浩二が四つか五つ位じゃなかったかなあ。母親が泣きながらいうたことがあるんですよ。『あれと一緒に死にゃあ、ええんじゃろうがのう……』言うてから……。ええ、『浩二と一緒に死にゃあ、業がないんじゃろうがのう……』言うたんは、憶えとります……。やっぱり、発達が遅れとりましたからねえ……。『これさえおらにゃあ……』いうようなことでねえ、妹に何か言われたりもしたんでしょう。妹も、よう頑張っとったしねえ……」

弱音を吐かない気丈な母も、浩二のことでは人に言えない悩みを抱えていた。帰ってきた隆の顔を見たとき、思わず本音がこぼれたのだろう。しかし、生活を支えることに追われた母は、浩二の発育の遅れの原因を追究する時間はなかった。障害があるという事実だけが、そこにあった。


一九五三年、浩二は小学校に入学する。特殊学級がなく普通のクラスだった。学校の用事はすべて道代がこなした。

「学校行かにゃあいけんようになって行ったんですけど、行っても勉強しませんから。外で遊ぶんですよね。ほいで私も、どうしょうか思うて、今の塾いうんか、幼稚園のとこで何か教える所があって、ひと文字でも覚えてくれたらと思って、そこへお願いして『行かせてください』言うたんですね。そいでそこへ行かせても、人が勉強しよってやったら、外、うろうろして帰ってくるんですよね……」

それでも道代は、浩二が特別いじめられているとか、浩二のことで社会から孤立しているように感じることはなかったという。

「そんなこと思う間がなかったんですよ。私にしたら、とりあえず『人にバカにされることはない』いうのが凄いあったんですよね。ああいう子、連れとりますでしょう……。そしたら、人いうのはやっぱり面白おかしく言いますからね。じゃから私にしたら、『人に借りをこしらえたり、迷惑をかけたらいけん』いうことでね、かなり厳しいに『あれをしちゃいけん』『これをしちゃいけん』言いましたね、本人には」

「そりゃ、寝るのも『今日は一時間しか寝られんな』思うたら、ほんま一時間か二時間しか寝んと、一日働くんじゃから。そりゃ、そんな……ものを考える暇なんてなかったんです」

「あれが学校から帰ってもね、ついてはおれないんです。だからあの子はあの子なりに、自分の火の粉は自分で振り払わにゃあならんかったんです」

浩二に小学校の頃のことを尋ねると、

「う〜ん、ようわからんねえ、もう、みんな大きゅうなっとるから。ひとりは知っとるんじゃがね。観音の酒屋やりよった、溝手いうんじゃがね。お母さん亡くなって、よう、そこ寄っちゃあ、話しちゃあ帰りよった。近くじゃった。学校の渡ったとこじゃけ。今、直しよう所のこっちに、あるからね」

浩二には、小学校時代からちゃんと、友人がいたようである。

六歳上の正敏は、中学に入ってからブリキ屋に住み込みで働くようになり、学もすでに家を出て働いていた。東観音の家は、母と道代と浩二の三人暮しになった。

道代はいつしか、母と浩二と一緒に住んでくれる人としか結婚できないと、固く心に決めていた。

「やっぱり、大八車に座布団敷いて、焼け跡を母親を乗せて、連れて歩きましたでしょ。それで、あごの骨があんなになっても頑張ってね……。よう、あんなにものができたな思う位、黙々と働く人でしたからね。そういう母親を見て、『絶対、結婚する時も、この人おいては出られない』『どうしても、この二人をおいては結婚できない』思うたんです」

その想いを受けとめる相手があらわれ、道代は二十歳で結婚する。浩二は小学二年生。相手は友人の兄で、被爆者だった。同じような境遇であることが、二人を近づけた。

隣の薬局の二階ひと間が、若い夫婦の新居。

「朝、ちょっと寝過ごすとね、母親がね、『どしたん、いつまで寝とるの～』いうて下から呼ぶんです。『女は日が昇るまで寝るもんじゃない』いうて、いっつも言いよりましたからね」

夫は菓子問屋に勤めていたが、翌年長女が生まれ、その翌年に次女が生まれた時、会社を辞めて仕出屋を手伝うようになった。会社に辞職を頼みに行ったのは道代だった。

「じゃから浩ちゃんは、自分の兄弟よりは主人との方が縁が深いですよね。子どもも浩ちゃんとは、きょうだいみたいにして育ちましたしね」

「母親は、私が子どもをお産した時も、二、三日寝たら『そんなに長う寝とるもんじゃない』いうて。『なんてひどい人じゃね』思いましたがね、母親は寝る暇なんかなかったんです。みんな頭数じゃから、寝とられたら困るんですよね。じゃから、私は自分の子どもなんか、構うたことないです。えっと（たくさん）抱いてやった記憶もないし、お乳飲みたいいうても『今ダメじゃけ』いうて離すような状態ですからね」

「家族全員が、寝る間もなく、食べる間もなく働く……。主人も、やねこかったと思いますよ。なんにも言わん人じゃったけど……申し訳なかったです」

浩二は普通の小学校に通ってはいたが、ごそごそと落ち着かず、すぐ外に出てしまい、文字を覚えることもできなかった。

小学校を卒業する時、先生から研究学級のできた中学校に行くことを勧められる。浩二は、自宅から毎朝二キロの道のりを、ひとりで自転車に乗って通った。

「川わたって、早い方じゃったけえ、六時頃行きよった」

と浩二は言う。道代によると、通学途中のお遣いにも行っていた。

「朝、『浩ちゃん、これしてきてちょうだいね』言うて、中央市場の方へ行って配達のお遣いをして、それから学校行きよったんです。じゃから、あの、全部いちにん役なんです。できてたんです」

参観日には、小学校と同じく道代が行った。

「学校行ったら、『お宅は、お母さんおられんのですか?』言われて、『いえ、おりますよ。うちのことしよります』言うて。そいで、私にしたら、ひと文字でも、字を教えてくれてならええのに思いよるのに、校庭の草むしりさせたりしよるんです。そういうことをね、先生も一緒になってしよったんです。でも、今思うたら、身体使うこと、働くこと教えちゃったんじゃ思うて……もう亡くなられたんですけど、斎藤先生いうてねえ。『ああ、あの先生は、本当に素晴らしい先生じゃったなあ』思うて……」

浩二は中学校の研究学級を無事卒業し、学校の紹介で鋳物工場に住み込みで働くようになる。

熱いものを冷ましたり、研磨する作業。道代は毎夕、差し入れを持って通い、洗濯物などの世話をした。

仕出屋も、母と道代夫婦の働きで少しずつ拡張し、一九六〇年、叔母の紹介で二階建ての家を建てて引っ越した。一階は仕事場にし、二階に母と道代家族が住んだ。

きのこ会との出会い

きのこ会の二回目の会合から、浩二の母は出席している。

当時母は五十八歳で、仕出屋をしていた。浩二は十九歳で、給食センターに住み込みで働いていた。道代が新聞でみつけた仕事。鋳物工場には二年いたが、腰痛がひどくなり（もともと腰が弱い）、雇用主から「知恵おくれで無理ではないか」と言われたこともあって退職した。

外回りのことはすべてこなしてきた道代も、きのこ会のことだけは、「自分のことじゃけえ、あんたが行かにゃあ」と母に言った。

きのこ会の会報第一号に掲載された浩二のプロフィールを紹介する。

> 姉の努力で、給食センターに住み込みで働けるほどになった。職場にめぐまれ、集団生

活にも順応している。

ただ、いくぶん社会ずれがし、たばこなどもすうようになった。

身長は一四九・七センチとやや小さい。一見正常な感じだが、知能指数はいぜんとして低い。経済的な心配は今のところない。

従順で、姉のいうことならなんでもきくという点が救いである。


浩二は、きのこ会の原爆症認定取得のために、広島大学病院で入院検査を受けたひとり。

「入院してね、早う起きてから、五時頃起きて掃除したことある。自然と目が覚めて、窓開けて、そこら掃除した」

「平位先生と一緒に風呂に入った。あれ、病院の中にあったんかね、出てから行ったんじゃったかな? 風呂屋があるん。そこで男性軍は男性軍で、一緒に入ったことあるよ」

きのこ会の知っているメンバーと一緒だったので、浩二にとっては、その時の検査は苦痛ではなかったという。むしろ楽しい想い出のようだ。

次男の隆は、広島でタクシーの運転手をしていた。一度だけ、母の代わりに会合に出席したことがある。

「みな、歳とっとられるのに、大変だなあと思いましたねえ。一人ひとりねえ……。残された子どもがどうなるんかなあ……思うてねえ。じゃが、同じ悩み持つ人がね、そうようなとこで、いろいろ相談しあえるいうのは、ええことじゃなあと思いましたね。浩二も喜んでね。誕生会なんかしてもらえるの、良かったんじゃないかなあ」

浩二は、とりたてて病気をすることもなく、給食センターでも周囲の人たちとうまく人間関係を作っていた。しかし、長所である社交性が、新たな問題をも生み出していた。

「住み込みで働くようになって、五時に終った後、パチンコ連れて行ってもらったりして、『保険証持ってったらお金借りれる』いうこと覚えるようになったんです。それからが、問題になったんです」

もともと働くことに慣れている浩二は、仕事は苦にならずきっちりとするのだが、遊びには制御がきかなかった。お金を借りてまで遊ぶことが続き、とうとう、十年間続いた給食センターからも、「うちでは、よう預からん」と言われてしまう。

自宅に戻ってきた浩二は、家業の仕出屋を手伝う。すでに、従業員を何人か雇えるほどになっていた。道代は、ほとんど四六時中、浩二の傍にいて見張ったが、浩二は隙を見ては物を持って出た。

「お金持ってったら面白いんじゃ、いうことだけは覚えたんです。じゃから、電気屋さんで買うた二、三十万するようなもの、質屋さんへ持って行って、お金に換えていう、そういう器用なこと、したんですよね……」

道代の心配を傍目に、浩二の遊びはエスカレートしていく。

「暑い時にアルバイトで来てくれた人がね、それはもう、火を焚いての力仕事、結構やねこい仕事ですからね。終った後、『ビアガーデンへ浩ちゃんを連れてってあげたい思うが、行ってもええかねえ』言うから、『変なとこ連れて行かないでよ』言うたのに……その人が、ピンクサロンへ連れて行ったもんじゃから、『こんな面白いとこがこの世にあるんか』思うたんでしょう。パチンコの上に、ピンクサロンが入ったんです……」

ますます道代は、浩二の行動を見張らなくてはならなかった。

「手当たり次第ものを持って行って、『お姉ちゃんが持ってくるけえ』言うたら、人はみな信用して貸してくれる。だから、浩二のことで何かいうて来られたら、最初に、『何か借りとりますか?』言うて、それが挨拶みたいに……『浩ちゃん元気ですか?』言われてもね、『ハイ、何か借りとりますか?』言うて……」

「きつうに叱ったら、その時は『もうせんけえ』言うんですけどね。やっぱり、勝負ごとの味おぼえた者はもう駄目ですね。だから私が人には、『知らんで済んだら、我慢することないんじゃから、知らんで済むものは教えないで』言うんですがねえ……」

きのこ会の親たちの運動により、一九七八年、原爆小頭症手当の支給が開始されるようになった。その二年後の一九八〇年に、浩二は結婚式を挙げる。

「浩二が、どうしても、『お姉ちゃん、嫁さんもらいたいんじゃ』言うてきませんしね。そいで、『あんた、嫁さんもろうたら、ちゃんと、真面目にせにゃあいけんよ』言うたら、『するけえ、するけえ』言うて、何でもするようなこと、言うたんです」

そして道代の尽力により、中学の父兄の紹介で浩二の夢が叶った。新郎・浩二は三十四歳、新婦の久江は五歳下の二十九歳で、少し、知的障害があった。

「久ちゃんいうのは、とっても気持ちのやさしい子なんです。手紙をよう書く子でね、私の孫にも絵本を贈ってくれたりね……」

新居は浩二のアパート。母が、自分の亡き後も路頭に迷うことがないように、人さまに迷惑をかけることがないようにと、道代と二人三脚で建てた、小さなビル式のアパートの二階。

浩二夫婦は猫が好きで、アパートに寄ってくる野良猫の世話もしていた。

「猫、行くとこないけ、みな僕らの所へ来るんじゃ。帰った思うたらすぐ寄ってくるんよ。で、カラカラ（餌）持ってから、ここ置いとってやる。したら、下の戸あけてから、自分で勝手に食べて……。寝とる時、『なんや重いなあ』思うたら、乗っとる。一匹でも重たいのに両側におる。上にも乗るし、あんときは、身動きできんかったねえ……（笑）」

押入れのなかで、猫が子どもを産んだこともあった。

「うちのが『産んどるよ』言うて。『う～ん？』言うたら、ここ、産んどる。小ちゃい、まだ目、見えんやつを……。で、親はどっか行って、帰っちゃあ、そこ入って、いろうても（触っても）、なんも怒りゃせんしね。普通なら、隠すんじゃがね……」

野良猫には、ふたりの優しさが、通じていたのだろう。

だが、ふたりに子どもはなかった。

「僕ら、もう、子どもがおってもあれじゃから、いうて、僕の方が手術して。むこうのお母さんがね、してくださいいうたからね、しとうなかったんじゃがね……。じゃが、まあ、しょうがないけえ……。僕らも嫌いな方じゃないけえね、子ども。よその子ども見たら、ひどうかわいいからね。赤ちゃんでもね。あれ（久江）も、子ども好きじゃからね。ま、代わりに、猫の子どもね……」

久江の里も蒲刈だった。信心深い道代は、毎月のように両家の墓参りに浩二夫婦を連れて行ったが、久江はいつも、嫌な顔ひとつせずついて来ていた。

母は、浩二の結婚後も働き続け、きのこ会の会合にも仕事の合間を縫って出席していた。しかし一九八四年、子宮がんを患い入院する。その年の六月に開かれたきのこ会の総会に、道代は、母に代わって初めて出席した。MSWの村上須賀子が二回目に参加した日である。

議題は、「親子がともに入れる施設がほしい」ということにはじまり、そのために何を要求し、どう運動を進めるべきかが話し合われた。だが、話は行ったり来たりで、一向に進展しない。その時の様子を、村上の記録「ヒバクシャ第3号」から振り返る。

「そのうち若い道代さんがしびれを切らしたように発言を始めた。『私は今日初めて出席させてもらって事情がよく解らないままにお話しさせていただくのですが、私どもの場合でも、一応、母の後、弟のめんどうを見るつもりでいます。でも私も生身の人間で、何時どんなことが起こるかも知れない。そうした時にちゃんと見てくれるものがあると安心ですよね。そうしたものがあると、兄弟でもめんどう見やすいし、親御さんも頼みやすいのではないでしょうか。結局、今すぐ施設にというのでなく、希望すればいつでも入れるという安全切符がほしいというのが、皆さんの気持ちではないでしょうか。』これに、うなずいて共感を示す人が多かった」

道代の発言で流れが変わり、村上にも問題の所在がみえてきた。黒板を使って具体的に、今ある施設の種類と入所条件等を示しながら話し合いが進められた。

総会終了後、村上は道代から相談を受ける。道代は、知的障害者を対象とする「療育手帳

（広島市の場合）」があることさえ知らなかった。早速手続きをすることになり、翌日、村上の職場の医療相談室を道代が訪れた。

「あのとき、着物着てこられたんですよ。背筋をピンと伸ばしてね。これは、改まって、『大切な用事』として来られたんだと思って、こちらも背筋が伸びるというか、そういう対応しないといけないと思いましたね」

それは道代にとって、なけなしの着物だった。

「よそ行きの服いうのがなかったんですよ、私。私はね、仕事をして、いつもこういう格好（動きやすい服）しとりますでしょ？ 娘でさえ『学校へ来ないでちょうだい』いうくらいで。だからあれは、なけなしの着物じゃったんです」

村上は道代から話を聴き、さらに、母の被爆状況を知るために、隆からも話を聴いた。浩二の妻も療育手帳を持っていなかったので、一緒に受診、判定などの手続きをした。二人とも最軽度のＢだったので、手帳は取得できたが、障害福祉年金（一九八四年当時）の対象にはならなかった。

聴きとりをした村上は、浩二夫婦のことだけでなく、母の原爆症認定の申請を早急にしなければならないと感じていた。

一九八一年、東京に行った三男の学が、四十一歳の若さで、胃がんで亡くなった。その頃から、母は、「ちょっと腰がわりい」と言うようになった。

一九八四年の正月、泊りに来ていた四男の正敏が、夜三十分おきに手洗いに起きる母を気遣い、医者に連れて行った。

「ありゃあ、寝らりゃあせんでいうて、医者へ連れてった。そしたら、『こりゃあ子宮がんで手がつけられない、あと半年じゃ』言うちゃったんです。それですぐ、広大へ入院したんです」

その年の六月に、道代は村上に出会ったのである。村上はすぐ広大病院へ行き、母の認定申請書を作成し、六月末には市に提出した。十月十八日、原爆症認定取得。隆の妻が資料集めなどの事務処理一切を引き受けた。隆の妻は、いつも義母のことを慕い、病院への見舞いも欠かさなかった。しかし、がんはすでに、手のつけようがなかった。

隆は当時を振り返り、絞り出すように語る。

「ほんとに我慢強い人じゃったからねえ……。もっと早う言うてくれとれば、気がついとればいう後悔は、いっつもあります。健康管理手当もね、私が、『浩二がもろうとるけえ、ええじゃないか』言うたもんじゃから、もろうとらんかったんですよねえ……。母は自分が働いたもんでも、自分で使うんやなしに、みな、周りの人にしてしまいよったからねえ。後になって、あんとき、もっと事情を、よう聞きゃあ良かったのお……思うて、後悔、しとります……」

「治療してもしょうがないと医者に言われたんですけど、女房が粘って、いろんな人にも頼んで、放射線治療、やってもらったんですよ。だけど、最後のときには、(母が)『連れて帰れ』言うて……。『許可出んのに連れて帰らりゃせんよ』言うたら、『お前が連れて帰らにゃ、わしゃ、タクシー使うてでも帰る』言うてからねえ。帰りたかったんですよねえ……」

一九八五年、暮れも押し迫った十二月二十八日。母は、永い眠りについた。七十八歳だった。

「母親いうのは、おるいうだけで存在感がありました。何もあんまり、もの言わん人じゃったですけどねえ……。だけど、その母親がおるいうだけで、きょうだいが皆、なんとか、まとまってましたからねえ……」

父亡き後の家族を結びつけたのは、母の存在だった。

「みな、周りの人にしてしまう」という隆の言葉どおり、きのこ会会報の会計報告からも、浩二の母が、決して少なくはない額を、たびたび寄付していることが伺える。

母亡き後

道代の心の中には、いつも、母と浩二のことがあった。「いつでも、親子が食べれるようにしとかにゃいけん」という思いが、がむしゃらに道代を働かせてもきた。

「母親が亡くなった時に、ここ（肩の後方）がふっと、阿弥陀さんじゃないけど、落ちた、思いました。その時、『ああ、私は、主人の方、向いてなかったなあ……』と思いました」

何も言わず、いつも協力してくれた夫だったが、道代は、母と浩二のことでは、どこかでいつも「借り」を感じていた。

「私が死んだら主人に、この親と浩二を預けにゃいけんと思うでしょ。それができない……いうか、そこが、気を許してなかった思うんですよ……」

そんな道代にとって、また、胸を痛めることが起きる。

久江と結婚して、仲良く幸せな生活を送っていたはずの浩二が、再び、借金をしてパチンコに通うようになっていた。尻拭いは相変らず道代の役目。

「広島でも、そこら中の質屋に引き取りに行きました。じゃけど、ある店で、『これだけは持って来ないでちょうだい』言われたんですよ。それはね、久江ちゃんのお母さんが、着物と一緒に、畳紙に、これはどういう時に着るものです、お義姉さんと相談してものごとしなさい言うて、ちゃんと書いとるのだったんです……。そうようなの、持ってっとるんです……。まあ、私は、もう、情けのうてねえ……」

久江は、嫁に出すのをしぶる久江の母に、「私が生きとる間は、絶対苦労はさせません。大事にしますから」と道代が強引に頼み込んで、来てもらったお嫁さんだった。

道代は、浩二を連れて、港の突堤へと向かった。

「浩二とふたり、あそこまで行って、『頼むけえ、ここからずうっと降りて歩いて行ったら、水がだんだん深うなるんじゃけえ……。お姉ちゃんが、あんた突き飛ばしたらね……お姉ちゃん、沙織やら和恵（娘）がおるから、そういうわけにもいかんから……。あんたが、自分で死んだんなら、どうしようもならんのじゃけ……。頼むけえ、あんたが、ずうっと、ここ歩いて行ってくれ……』言うて、あの突堤まで行って……。ふたりがじっと……ねえ……」

なにが、道代を思いとどまらせたのだろう。

「本当に、どんな想いをしてやっても、わからんのじゃから……」

目尻を拭いながら、道代は、少しだけ笑った。

災難はそれだけでは終わらなかった。一九九四年秋、道代は交通事故に遭い、生死をさまよう。自転車に乗って、青信号で曲がろうとしたところを車にはねられたのだ。

「もう助からないか、植物人間かいうて言われたそうです。でも、病院で気がついた時、『浩二と久江ちゃんがおる、どないしても帰らにゃあ』思うたんです。他のことはなにも……ただ、それだけを思いました」

ひたすら、「浩二と久江ちゃんのために」という道代の一念が、奇跡を起こした。半年間の入院の末、道代は退院したのである。

事故の翌年、被爆五十年目の調査で道代に再会した村上は、その変貌ぶりに驚いた。当時の様子を綴った村上の記録「ヒバクシャ第7号」から、その模様を辿る。

道代の姿からは、疲れと苛立ちと緊迫感が混合したような空気が伝わって、問題ありのサインを感じた。一年前の事故で頭部外傷を負ったため、集中力低下、物忘れ、めまいに悩まされ、仕事も以前のようにこなすことができなくなっていた。

早急な手立ての必要性を感じた村上は、まず、浩二夫婦の障害基礎年金の申請手続きに入る。十年前には、療育手帳Bは障害年金が該当にならなかったが、その後の運動の結果、該当になる可能性も生まれていた。

ところが、慎重な手続きを終え、いよいよ申請となった時、所得制限が立ちはだかった。「一生路頭に迷わないように」と、母が遺してくれた浩二名義のアパート、その家賃収入と、道代夫婦の経営する仕出屋の給料で、所得制限の枠を超えてしまっていたのだ。

「『とにかく食べるようにしとかなければいけない』という、普通の庶民の思いで用意されているものが、かえって、福祉制度とか年金制度にはネックになってしまう。『まるで無い』方が、いちばん安全保障になることがあるんです」

と、村上はその矛盾を語る。

浩二は、療育手帳による所得税の障害者控除も使っていない。さかのぼって税金還付を受ける手続きをする時、療育手帳の更新もされていないことがわかった。驚く村上に道代は言った。

「村上さんは、『それ（療育手帳）は大切にしてください』と言われたでしょ。だから仏壇の引き出しに、大切に大切に納めておきました」

村上は「説明不足の私の失敗」と嘆き、すぐ更新の手続きに入る。被爆者援護法による介護手当も申請することができた。

きのこ会主催の満五十歳の誕生会には、浩二夫婦と道代が出席した。道代は、会場に展示された写真パネルのなかに母を見つける。「あの世で顔を合わせた時に『頼まれた浩二のこと、私なりに懸命にみてきましたよ』と言えるように頑張ってきました」と村上に語り、そっと涙を拭った。


交通事故から二年後の一九九六年、体力の衰えから道代夫婦は家業の仕出屋を廃業する。同時に、働き盛りの浩二の行き場の問題も生まれた。そして、追い討ちをかけるような事件。道代夫婦が残務整理に追われるなか、浩二が姿を消してしまったのである。夫婦が捜し廻って見つけるまでの一週間の間に、浩二は、パチンコのための借金を重ねてしまっていた。収入も途絶えた今、このままではアパートも家も潰され、借金地獄に陥ると、道代の不安は頂点に達した。その不安を受けとめた村上は、弁護士を紹介し、禁治産の手続き（現在は成年後見制度）の相談を促した。さらに、きのこ会の陽子たちが通所している作業所を紹介し、行き場づくりをする。この作業所には、浩二夫婦が揃って通うようになった。

道代は、MSWの村上に出会えたことで、「人生が変わりました」と言う。これまでは、自分が先立った後の浩二のことを考えると、夜も眠れなかったのが、

「今は、さあ、どうしようういうたら、まず村上さんとこへ電話さえすりゃ、『右行ったらええ』『左行ったらええ』言うてくれる。やっと、ゆっくり眠れるようになりました」

と顔をほころばせる。それは、社会資源と繋げてくれるということだけではない。同じ人間として、心の悩みをなんでも打ち明けられる、聴いてくれる人がいるということの安心感であろう。それがどれほど大事か、道代の表情が語っていた。

浩二夫婦は喜んで作業所に通っていたが、生活や将来のことを考えると、浩二の新たな働く場を考えることが必要となった。道代も歳とともに、浩二を傍で見届けることの限界を感じるようになっていた。

「若い順応性のあるうちに」という役所の勧めもあり、村上の紹介で夫婦そろって精神薄弱者授産施設（当時）への入所が決まる。一週間程度の、実習を含めた体験入所も済ませた後のことである。

ところが、新しい生活を始めようとした直後、また、浩二の借金問題が起こった。後始末が済むまでの予定で実家に帰った久江は、とうとうそのまま戻らなかった。浩二が迎えに行っても、気持ちは変わらなかった。道代も、なんとか間を取り持とうと仲人の先生のところまで足を運んだが、弱った身体では、体力も気力も限界があった。そして結局は、浩二ひとりでの施設入所となる。

久江と二人で写っている写真を見ながら、「あの頃は、楽しかったよねえ」と浩二は呟く。「無茶なことしたよなあ、悪かったなあ思うて。あんときは、若かったしね。一方通行しよった。僕も二遍くらい迎えに行ったけどね、『考えとくわ』言うだけでね。『こっち帰ってくれ、無茶なことせんけえ』言うて、よう、頼んだんじゃけどねえ。『(久江は) ほんまか』言うたんじゃが、お義母さんらが、『もう帰る気ないし、寮に入る気もないでしょう』て……」

離婚届も提出したが、いまも道代は、久江がいつ帰って来てもいいようにと、アパートもそのままに待っている。しかし七年を経たいま、浩二は、このままの状態で寮生活が続くことを望むようになった。

「いま、会社のもんと話したり、同僚が、みんなおるからね、寂しゅうないよ。友だちがおるからね……」

道代も呟く。

「浩二は、いまがいちばん楽しいんじゃないかなあ思うんです。お姉ちゃんと離れて、好きなことして。四六時中一緒だった時は、ちょっと何かしたらすぐ『浩ちゃん!』て、言いましたしね(苦笑)。仕事はやねこいみたいですがね、『暑いよ~姉ちゃん』言うてですけど。でも、五時過ぎたら、もう、自分の自由の時間ですからねえ……」

久江はその後、母が他界し、市内の姉と同居しながら作業所に通っている。元気に通っているという噂を聞いて、少し、胸をなでおろす道代である。

七年という月日が、それぞれが生きていけるようにと、心の傷を癒しながら流れていったのだろうか。

いま、きょうだいの想い

七十二歳になる隆は、現在、個人タクシーをしながら市内でひとり暮しをしている。

母を慕っていた妻は、十年前がんで亡くなった。自分が逝った後を考えて、浩二の書類や資料など、役所の手続きに必要なものをすべて揃えて、コピーして、一覧表にして置いてくれていた。

被爆体験については、かつては口をつぐんでいたが、二度と繰り返さないためには伝えなければならないと思うようになり、関心のありそうな乗客には話をするようになった。

原爆後障害については、被爆後、身体がけだるい状態が続いたが、その後は盲腸の手術をしたくらいで大きな病気もなくやってきた。心臓肥大と不整脈はあるが、とりたてて心配もしていない。妻が手続きしてくれたおかげで、健康管理手当が受給できていることを感謝している。

子どもには恵まれなかったが、妻方の姪が、事務系から介護の仕事に転職し、ケアマネージャーの資格を取るために頑張っている。

「いま振り返ってみると、よう、あんななかから生き抜いてきたなあと、つくづく思います。まあ、いっつも、『なるようにしかならん』いうのはありましたけどね。女房はいろいろと、ようやってくれました。もういまは、ひとり口を過ごせればいいだけで、気楽な言うたら気楽ですけど。姪が『おばちゃんに頼まれとるんじゃけえ』言うてくれますけど、どこまでねえ」

と目を細める。浩二のことについては、

「ああして、皆さんと一緒に仕事さしてもらってるいうのはね、本人も楽しんでるみたいだし、ありがたい思いますねえ。この間も、きょうだい全部で墓参り行ったんですけど、墓をよう掃除しよりました。で、『兄さん、また来るよ』てから言うもんやから、ちょっと一万円くらい小遣いやったら、『兄さん、こうように貰うてもええんですか?』言うてから、ヨイショして……（笑）。でも、まあ、ああして元気で育ってくれとるんじゃから、ええんじゃないかなあ思うて。遊びについてもねえ、まともなもんでも、もっとひどいのおりますからねえ。そのくらい、ええんじゃないかのお、と思うたりもするんですけどねえ。私は、もう、先見えとりますから……。いままで振り返ってみたら、ほんと、おかげです。おかげでここまで来れたんです」

道代は隆から、「もし、わしが死んで何か残ったら、浩二に全部やってくれ」とことづてられている。

浩二の障害を、「原爆のせい」と声を荒げることもない。だが、今日も隆は、原爆の遺したものを少しでも知ってもらいたいと、被爆体験を静かに語り続ける。

中学生の頃からブリキ屋に住み込んだ正敏は、その後、二十代から三十代にかけて母たちの仕出屋を手伝い、現在は機械の部品を扱う自営業を営んでいる。

六十四歳になったいま、暮しは決して楽ではないが、二人の子どもは独立し、孫にも恵まれた。

「家のきょうだいはね、個々に生きる力が強いんです。じゃけ、みな出て行った。で、もともと、どん底知っとるから、少々苦しゅうても、どういうことない。食べていけりゃあええんです。働くことは、ひとつも苦にならんしね」

身体は健康とはいえない。さして原因のはっきりしない調子の悪さが続くことが、よくある。身体がだるくなって、人とものを言うことさえ嫌になる。そうなると、点滴を打っても良くならない。いろんな事をしてみたが、未だ改善策はない。「時がきたら、元気になるか……」と思いながら仕事を続けるのみだ。自営業なので、休むわけにはいかないと言う。

浩二のアパートで聴きとりをした日、六歳違いの弟に、

「浩さん、なんぼまで働くん?」と尋ねた。

「六十……過ぎた人もおるけどねえ」

答える浩二を、頷きながら見つめる眼差しは温かい。

生活が苦しいのではないかと気遣い、山ほど手土産を用意する道代に、

「起きて半畳、寝て一畳。それだけあったらええんじゃ。わしは、いまも、そういう気よお」

と頭をかいて、笑った。

浩二はいま、授産施設での生活に満足している。友だちも多く、なにかあると、みんなから「木下さん、木下さん」と声をかけられる。友だちの相談にのることもある。

施設での一日は、朝七時の朝食の後、当番制で掃除をして（週二回くらい）、八時から仕事に入る。ホテルや病院のリネン類の選別、洗い、ロール仕上げなどの作業。十五分間の休憩が、午前、午後の二回。一時間の昼食休みがある。夕方五時に作業は終わり、夕食を取った後は自由時間。浩二は、おもに音楽を聴いたりテレビを観たりして過ごす。

給料は、以前は寮費を引いて二万円あったのが、仕事の量に合わせて二千円ほど下がった。支援費制度が導入されてからは、食費など一部自己負担が増え、手取り分がさらに下がる可能性もある。お金を下ろすときは、決まった曜日に職員に届け出るのだが、時々、使い過ぎて下ろせなくなる。補充をしてくれるのは道代だが、限度がある。休みの日に、同僚とパチンコや買い物に行くのが楽しみ。度が過ぎては道代に叱られる。

「自分が悪いんじゃけ、しょうがないわねえ」

と反省しながら、きゅっと首をすくめる浩二である。

父のことは、生まれる前に亡くなったので知らない。母については、

「厳しかった。よう言われよった。まあ、中学校から、職場から、みなお姉ちゃんが来たからね。いまはみな、姉さんがお母さん代わりじゃ」

やはり、道代の存在が、浩二にとってはいちばん大きいようだ。

道代は、浩二がなにか仕出かした時は、

「目をキョロキョロさせて、私の顔をまともに見ませんから、すぐわかります」

と言う。なにもかもお見通しの姉だが、道代ほど浩二のことを想っている人はいない。そして浩二も、

「そりゃあ、おりゃなあ……困るよねえ……。交通事故に遭うてね、もうだめじゃ思うたから、どうしようか思うたよねえ……。やっぱりね、お姉さんは、お姉さんじゃけえねえ……」

と照れくさそうに笑う。浩二にとって、道代がいなくなるのは考えられないことのようだ。

道代は、子どもの時から浩二の世話をし、母亡き後は、いよいよ親代わりとなって浩二を見守ってきた。自分のためだけに過ごした時間など皆無ではないかと思わせるほど、働き通しの七十年間。なぜ、そこまで頑張れたのだろうか。

「それはね、私にすると、親に……別に、親が私に預けたわけでも、頼んだわけでもないけど、でも、私は、『私が守らにゃいけん』『私がせにゃいけん』と思ったの」

被爆した母の、壮絶ともいえる働く姿を追い続け、支え続けた道代は、ごく当たり前のことだったかのように微笑む。

しかし、母と浩二を支えることを決意した道代は、我が子との時間さえ充分に持つことができなかった。せめてもの償いに、「なんでもしてみなさい」と、習いごとに通わせ、お茶やお花の資格も取らせた。自分がなにもできなくて苦労したからでもある。

度重なる浩二の問題収拾に奔走していた最中には、長女の結婚話を自らの手で流してしまった。先方に知れたら迷惑がかかると思ったから。その後、次女は結婚し、孫も生まれたが、長女は現在も独身でいる。「私が足をひっぱった」と、いまも胸を痛める道代だが、東京で経理の仕事をしている長女は、さまざまな資格を身につけて、しっかりとひとり立ちしている。

いまとなっては娘たちに、「なんでちゃんとできないの？　昔からそうじゃったが」と怒られてばかりいるという。長女のことを、「一度会ってやってください。とても楽しい人です」と、くすりと笑う道代。世に共通の、子想いの母の顔がのぞいていた。

そんな道代の後姿をみてきた娘たちも、

「お母さん、心配せんでも浩ちゃんのことはちゃんとするけえ、あとは、ものごとわかるように（引き継げるように）だけしといてよ」

と言うようになった。

半年前には、立ち退きを契機に新しい家を構えることができた。車イスでも移動が可能な、バリアフリーに配慮した家だ。

「ほんの砂の一握りからです。ほんの砂の一握りから、こんな家に住めるようになって。これは後押しです。親や先祖が、しっかり後押ししてくれたからやなあと思います……」

最近、リンパ節のところに腫瘍が見つかって病院通いをしているが、

「たいしたことないでしょう。休んどる間はないですから。母親はね、『八十まで生きたい』いうたのに七十八で逝ったから、最近は私も『ああ、あと十年ない』思うから、ちょっと忙しいんです。『あれもしとかにゃ、これもしとかにゃ』思うから……」

相変らず、どこまでも動きまわる道代。

「いまがいちばん、本当に、ゆっくり眠れるんです。なにかあったら村上さんがおってですし、いまはちょっと、浩二も落ち着いとりますからね」

浩二のことについては、

「やっぱり私はね、あの子がおるから、このくらい元気でおれるんです。あんな、死に損ねてもね……。あの子送らにゃあ、私は、逝かれんです……」

何十年という歳月を親子のように過ごしてきた浩二の存在は、もはや、道代の生きる支えとなっている。亡き父母への想いを胸に、浩二より一日でも長くと、道代は、さらに前へと歩き

続ける。

砂のひとにぎりから

木下家の生活史を振り返って、もっとも印象的なのは、姉・道代が十代の頃から、浩二の親代わりのような人生を送っていることである。道代の人生からは、自分のために生きた時代を見つけることができない。それも、強いられてというよりは、自ら使命を負うかのようにその役割を果たしている。

それは、疎開先から帰った時の、無惨に変わり果てた母の姿と、寝る間も惜しんで、家族のために、浩二のためにと黙々と働き続けた母の姿ゆえという。

母は多くを話さない人で、浩二の親亡き後を、道代に口で託したこともない。しかし無言のうちに、頼りにされていることを娘・道代は感じとった。戦後の暮しも、仕出屋も、まさに母と道代が二人三脚で支えた。道代は子どもの頃から、家族のために一円でも多く働きたいと思った。「遊んだ記憶のない」子ども時代についても、後悔している様子はなく、それが当然のことであったかのようである。

戦後の日本では、ある時期、同じような状況があちこちであったのだろう。しかし道代の場合は、原爆小頭症という障害を持った弟・浩二のために、一生を費やしたと言っても過言ではない。

原爆は、人類史上初めて落とされたものであり、当初、その実態は得体が知れなかった。市民である多くの被爆者にとって、そして道代たちにとって、あまりにも無惨なその出来事は、できることなら、記憶から消し去りたい、忌《い》まわしいものでしかなかったのではないか。苦しすぎて、考えることすらできなかったのではないだろうか。

父亡き後の家族の暮しを再生することに追われた母と道代にとって、浩二の障害の原因がなんであるかよりも、どうやって育てていくか、家族がどうやって食べていくかの方が、はるかに大きな問題だった。哀しみと怒りに蓋をして、がむしゃらに働き続けるしかなかったともいえる。

そして浩二は、障害があっても甘やかされることなく、「人に迷惑をかけずに、できるだけのことは自分でするように」と躾けられた。人づきあいや地域との関係をなにより大切にしてきた家族には、浩二の障害を正面から受けとめて、向き合っていくよりは、迷惑をかけないように、人からバカにされないようにという思いの方が強かったかもしれない。

母からは、「障害は私の責任」という想いも感じられる。隆が帰郷したときの涙に、母の本音が垣間みえる。実の娘とはいえ、道代に過重な負担をかけていることへの負い目もあったろう。だからこそ、いっそう黙々と働いたのではないか。そうして、自分の身体の不調も顧みず、仕出屋を発展させ、「浩二が一生路頭に迷わないように」とアパートまで建てた。

一方道代は、その母を見て、「この母と浩二をおいてはいけない」と二人を中心に結婚を決める。自分の子どもたちに構う時間もないほど、母とともに、昼夜を分かたず働き、浩二の世話をやいた。ほかの兄弟たちも、仕出屋を手伝ったり、折に触れ母を気遣うのではあるが、道代が余りに頑張りすぎたために尻込みしてしまったきらいもある。母とともに家を守り続けた道代と、早くから家を出て働いた兄弟とでは、浩二に対しての考え方も自ずから違うだろう。だが、その違いが新たな可能性を生み出すこともある。

もし、きょうだい同士がさまざまな視点から意見を出し合い、協力し、補い合って、浩二を支えることができていたら、道代の負担も少しは軽減されていたかもしれない。だが、原爆によって家も財産も失った家族は、一家団欒を楽しむゆとりもなく、ばらばらになって働かざるを得なかった。そのことが、きょうだい同士の意思疎通の面で、影を落としたようにも思われる。

母は、仕事の合い間を縫ってきのこ会に参加していた。だが手記はいっさい遺していない。被爆体験も語っていない。きのこ会の運動でも、表に出て行くことは決してなかった。それはやはり、偏見や差別を恐れたからだと思われる。道代もまた、浩二のことで世に出ることは避けた。子どもや親戚への影響をもっとも恐れたという。子どもに原爆の話をすることもなかった。

浩二の知的障害は、きのこ会のなかでは軽度の方である。一見するとわからない。しかし、それが故に、道代は苦労するのである。

遊びが制御できず、金銭管理ができない。訪問販売や、勧誘にも騙される。月賦販売の請求書が届いて、後始末に走ることも日常茶飯事である。それはある時期、道代に店も家も失うことを覚悟させ、死をも考えさせるほどであった。障害が軽いと思われている人たちの、社会性があるが故のこうした悩みは、外からは見えにくい。しかし、かつて長岡も、「社会から離れて、畠中さんのように家におってくれる子がものすごく羨ましかった」と語ったことがある。支える家族の苦労は、障害の度合いだけでは量れない。

道代は、娘の縁談話も浩二が原因で断ってしまった。このことは、いまでも道代の胸を痛めつける。夫にも、浩二のことで数え切れない苦労を強いてきた。夫や夫の親戚への負い目も拭い去ることができない。

そんな道代にとって、きのこ会を通してＭＳＷの村上と出会えたことは、「人生が変わりました」というほどの支えとなった。身内でない方が、率直な気持ちをぶつけられることもあるだろう。社会資源を利用することなど考えたこともなく、自分たちの力だけで頑張り続けた道代が、初めて、幾つかの制度を利用するようになった。死を考えるほど苦しんだ浩二の遊びについても、相談することができ、当時の禁治産制度にもつながった。ゆくゆくは、成年後見制度のことも村上は紹介しようと考えている。

浩二の施設入所によって、道代は適度に浩二と距離を置くことができ、精神的なゆとりも生まれた。何よりも、浩二本人が寮生活を楽しんでいる。もちろん、問題が終わることはない。だが、相談できる場が有るのと無いのとでは精神的な負担がまったく違う。それが、「初めて、ゆっくり眠れるようになった」という言葉にもつながるのであろう。

道代の人生は、原爆と、原爆による障害を持って生まれた浩二に翻弄されたともいえる。だが、そこに暗さはない。誰に頼まれたわけでもなく「私がせにゃあ」と自ら引き受けた道代のなかには、いつも周囲の人を大切にし「人からの信頼」を遺してくれた父や、いつも「誰かのために」働き続けた母の魂が、宿っているのかもしれない。

きょうだいの聴きとりを通して共通して感じたのが、亡き父母への想いの深さである。被爆当時、わずか小学一年生だった正敏は、つい最近まで、娘を助けられなかった父の気持ちが胸にきて、被爆体験を語ることができなかった。十三歳で父を荼毘に付した隆は、二十年間、父のことが話せなかった。話そうとするたび、嗚咽がこみ上げた。そして、母の姿を胸に、いまや浩二の存在が生きる支えともなった道代。六十年を経ても、父母への想いは褪せることがない。

お洒落な浩二は、亡き父に、もっともよく似ているという。

原爆に遭っても、取り返しのつかない障害を負わされても、懸命に、たくましく、明るく生き抜いた家族の一人ひとり。もし原爆が落ちていなかったら、どれほど個性豊かで、おおらかで、笑いに満ちた大家族だったろうと思わずにおれない。

道代が、朝に夕に手を合わせる、母の遺影は、ゆったりと微笑んでいる。

エピローグ●きのこ会が遺したもの

きのこ会の四十年にわたる歩みは、会員のためだけではなく、社会に対しても、さまざまなものを遺してくれた。

きのこ会の親たちが、二十年もの間、「自分だけの苦しみ」に人目を忍んで生きてきた事実と、それにもとづく手記や証言は、偏見や差別が、いかに人の心を傷つけ、片隅に追いやっていくかを語っている。

そして、原爆症認定において、きのこ会の前に立ちはだかった原爆医療法の問題。それは、「現に医療を要する」という観点でしか原爆の被害を捉えようとしなかったこの国の姿勢を示している。その矛盾に気づきながらも、枠組みを変えなかった政府は、原爆に起因することが明らかな小頭症に対して、近距離早期胎内被爆症候群という疾患名で認定した。苦肉の策である。

しかし、問題の本質を解決しないままでの認定は、結局、その後も尾をひいていく。特措法においても、援護法においても、原爆医療法が抱える問題は反映されていった。それは、すべての被爆者に対して共通する問題である。

だが責任は、政府だけでなく、見過ごしてきた社会全体にもあると思う。

原爆医療法、特措法、二法をまとめた援護法ができたことで、被爆者対策がなされていると安易に考えてはいなかったか。社会の片隅に追いやられている人たちを、見過ごしてきたのではないか。いや、無意識のうちにも追いやる側に回ってはいなかったか。そして政府は、そうした力に甘んじ、その土台の上に政策を立てているともいえるのではないか……。我が身を振り返って、反省せざるを得ない。

山代が問いかけたように、「決然と人権の立場に立つ」ことのできる社会、つまり、「人間を大切にする」社会であったら、すべては、まったく違っていただろう。

限られた予算のなかでの補償には限界があるかもしれない。だが、まず、ひとりの人として、被爆者と向き合い、その人の生活を想い描いてほしい。どんな補償よりも、被爆前の当たり前の生活を、健康な身体を返してほしいと叫び続けた人たちのことを。いったいどれだけの人が、原爆投下前のあの日を、夢に追い求めながら亡くなっていっただろう。すべてを戦争が、一瞬の原爆が奪ったのである。

なんとか立ち上がろうとする人たちを、上から押さえつけるような社会にだけはしたくない。せめて、「これからなにができるのか」を、ともに考える人と社会でありたい。

意識を持って自分自身をみつめること。同じ想いで、自分以外の人をみつめること。そこからきっと、なにかが生まれる。そんなことも、きのこ会は教えてくれた。

きのこ会に関わった人たちからは、人間が本来持っている良心のようなものが次々とみえてくる。

親と事務局が一体となって闘う姿に心を動かされ、多くの人が、立場を超えて動いた。置かれた立場で、なんとか血の通った対応を見出そうとする行政関係者もいた。ABCCの貴重な資料を手に入れられたのも、内部職員の協力によるものである。組織としてはできなくとも、個人単位では、人としての心を持つ人が、確かに存在した。

もっとも早くから胎内被爆小頭症の研究にかかわった平位剛医師は、その後も献身的な協力を続け、いまもきのこ会を見守り続ける。五十歳を祝う会では、集まった会員を前に、こみあげるもので、言葉が出なかった。後のインタビューで、「『よくぞ、がんばってくれた』と、その一言を、本人とご両親に言いたかった……」と声を詰まらせた。

事務局の秋信利彦は、東京転勤になってまもなく、天皇記者会見に出席する機会を得た。代表質問の合間を縫って、原爆の質問をする決意を固めて臨む。しかし、会場の余りの寒さと、畏れ多い雰囲気に圧倒され、思わずひるんだ。「もうやめよう。黙っておけばそれで済むこと……」そう思いかけたその時、きのこ会の子どもたちの顔が浮かんだ。「あの子どもたちが受けた苦しみに比べたら……」その瞬間、秋信は、まっすぐに手を上げていた。

この秋信ら事務局三人の支援には、圧倒されるものがある。医学関係は文沢が、行政関係は秋信が、個々の生活問題については大牟田が中心となったと思われるが、トライアングルの体制を取りながら、つねに協働して支えあっていた。文沢は途中で入院生活を送り、大牟田は帰らぬ人となった。その負担は想像を絶するものだったに違いない。事務局の三人は、支えたというよりは、まさにともに闘い、ともに生きたのだと思う。

支援者の心をそこまで動かしたもの。それは、親たちのひたむきな想い。そして、自らの口では訴えることもない、原爆小頭症の一人ひとりが、純真な瞳のまま、目の前で、懸命に生きているという、その事実だったのではないだろうか。

MSWが参加して、初めて社会資源に繋がった会員たちをみると、もっと早くMSWが関わっていられたらと思ってしまうこともある。

だが見方を変えれば、そこまでは、なんとか親と事務局の力で支えることができたともいえる。むしろ、いよいよ限界を迎えそうになった時、MSWに繋げられたことを喜びたい。大牟田と村上は、かつて、原爆被害を研究する会で、ともに学ぶ同志だった。

その村上は、「私がMSWになったのではなく、相談を受けた人たちによって、MSWにしてもらった」という。相談者がワーカーを育てている。これまでの相談者が村上のなかに生きていて、助言して、新たな問題に向き合うときの道標となっているのかもしれない。

人と人とが、どこで、どう出会うかは、誰にもわからない。だが、人が窮地に立たされた時、救いとなるのは人との出会いしかないのではないか。そんなことを思わせられる。


終始一貫して運動の先頭に立ち続けた畠中国三は、九十歳を目前に、「一番大事なのは、人と人とが信頼しあうこと」と言った。

本来なら人前には晒したくない愛娘の百合子を、「この子には、戦争と核の悲惨さを、身をもって世界に示していく使命がある」と世に出した。自分の使命も、その百合子を育てることにあると言った。世に出ることで、さらに冷たい視線、好奇の眼差しを向けられることもあったが、くじけることはなかった。国連事務総長への手紙も、米軍基地司令官への嘆願書も、踏みにじられたともいえる扱いを受けた。その畠中が、いま、「信頼が一番大事」と言うのである。

そして、畠中は、「燈燈無尽」という言葉を教えてくれた。「ひとつの話を聴いた人が、次から次へと語り継いでいく。それをひとつ、またひとつと重ねることによって、小さな灯りが消えることなく繋がっていく……」そんな意味だという。元神奈川県知事の長洲一二に書いてもらったこの言葉を軸にして、講演の時にはいつも正面に飾っていた畠中。

闘い続けた戦士も、腰はほぼ直角に曲がり、目も耳も足も、すっかり不自由になった。講演に出かけるのはもう無理……。それでも、平和への想いと、人を信頼する心は褪せていない。熱い想いをたぎらせる畠中の姿とともに、「哀しいけれども、この子にできるのはこれしかない」と決心したときの、その、「哀しいけれども」の言葉に秘められた、ちぎれそうな痛みを、忘れてはならないと思う。

きのこ会の人たちを二重に苦しめた、偏見と差別。それは、人によって生み出される。だが、片隅へ押しやられた人を、押し戻していけるのもまた、人でしかない。

二度と同じことを繰り返さないために、なにができるのか。核時代に生き、原子力の恩恵に生活を支えられている私たちにとって、簡単な問題ではない。それでも、「まず、人ありき」に立つ勇気を持ちたい。

きのこ会が遺してくれたもの。

いのちをかけ、身をもって示してくれた、原爆が人間に与える、果てしない痛み。

そして、人は人によって、生かされるのだということ。

きのこ会からの贈りものを、明日へ。

むすびにかえて

原爆被害のなかで、もっとも痛ましい、目に見えない放射線の被害。その象徴ともいえる、原爆小頭症。ご家族のなかには、「どうか、もう、そっとしておいてください」と、それだけを願う方もおられます。

そう、ほんとうの苦しみは、わかることなどできない。何度「もうやめよう」と思ったかしれません。

でもそのたびに、原爆小頭症の人たちの、天使のような顔が浮かびました。そして、「この子をおいては死ねない」を、「この子がいるから頑張れる」に変えた親御さんたちの姿が。それは、写真や限られた映像、綴られた言葉を通してのことでしたが、いつのまにか、会ったこともないその方たちが、私のなかでしっかりと息づいていました。

やっと眠りについた方を起こしてしまったのかもしれません。でも私は、亡くなられた方々に、そして、いまも懸命に生きておられる方々の、涙を越えた笑顔に、支えられました。きのこ会の人たちは、原爆によって、ほとんどすべてのものを奪われました。それでも、負けなかったのだと私は思っています。

人間の素晴らしさをみせてくれた、きのこ会の方たちに、「ありがとう」といわせてください。

人を動かす、人の想い。それは、なにものにも負けない。もし世界中の人が、心から平和を祈ったなら、戦争は、必ずなくせる。そのためにも、いのちの尊さをみつめ続けたいと思います。

生活史を聴かせてくださった山田さんご家族、木下さんご家族には、深く立ちいったご無礼をお詫びするとともに、お話くださったことに、敬意と、深謝を捧げます。この聴きとりから学んだことは、言葉に尽くせません。

また、畠中国三さんをはじめとするきのこ会会員のみなさま、きのこ会と繋げてくださった村上須賀子さん、支援者の秋信利彦さん、文沢隆一さん、平尾直政さん……。すべての方のお名前を挙げることはできませんが、たくさんの方々のお力を拝借しました。おひとりおひとりに、感謝申し上げます。

そして、広島との縁結びをしてくださった井上ひさし先生。学部時代から見守り、論文の主査として励まし続けてくださった大友信勝先生。厚くお礼を申し上げます。

最後になってしまいましたが、つたない本を手にとってくださった読者のみなさま、本当に、ありがとうございました。みなさまの心のなかに、「きのこ会」の小さなあかりが灯ってくれたなら、これ以上の喜びはありません。

二十歳までは生きないといわれた人たちが、もうすぐ、六十歳を迎えます。

＊主な参考文献

・石田忠『原爆体験の思想化―反原爆論集Ⅰ』未来社、一九八六年
・石田忠『原爆体験の思想化―反原爆論集Ⅱ』未来社、一九八六年
・磯野恭子『聞こえるよ、母さんの声が』労働教育センター、一九七九年
・糸賀一雄著作集刊行会編『糸賀一雄著作集Ⅰ』日本放送出版協会、一九八二年
・糸賀一雄著作集刊行会編『糸賀一雄著作集Ⅱ』日本放送出版協会、一九八三年
・江崎須賀子「被爆者の実態と生活史」、『ヒバクシャと現代』日本科学者会議広島支部、一九八六年
・江崎須賀子「原爆が遺した子―近距離早期胎内被爆症候群患者」、原爆被害者相談員の会「ヒバクシャ―ともに生きる―」第3号、一九八四年
・江崎須賀子「原爆小頭症患者・木田さん（仮名）宅への訪問相談活動報告」、原爆被害者相談員の会「ヒバクシャ―ともに生きる―」第4号、一九八五年
・海老根勲編『碧空「大牟田稔さんをしのぶ会」報告・追悼集』大牟田稔さんをしのぶ会、二〇〇二年
・大石芳野『HIROSHIMA半世紀の肖像―やすらぎを求める日々―』角川書店、一九九五年
・大牟田稔遺稿集刊行委員会『ヒロシマから、ヒロシマへ』渓水社、二〇〇二年
・川上武編『戦後日本病人史』農文協、二〇〇二年
・きのこ会編『原爆が遺した子ら―胎内被爆小頭症の記録』渓水社、一九七七年、―再録、家永三郎、小田切

秀雄、黒古一夫『日本の原爆記録14』日本図書センター、一九九一年
・きのこ会編「きのこ会会報No.1」一九六七年六月
・きのこ会編「きのこ会会報No.2」一九六七年十二月
・きのこ会編「きのこ会会報No.3」一九六七年六月
・きのこ会編「きのこ会会報No.4」一九六八年三月
・きのこ会編「きのこ会会報No.5」一九六九年夏
・きのこ会編「きのこ会会報No.6」一九七〇年十一月
・きのこ会編「きのこ会会報No.7」一九七一年夏
・きのこ会編「きのこ会会報No.8」一九七二年夏
・きのこ会編「きのこ会会報No.9」一九七三年夏
・きのこ会編「きのこ会会報No.10」一九七七年夏
・きのこ会編「きのこ会会報No.11」一九七九年夏
・きのこ会編「きのこ会会報No.12」一九八〇年夏
・久野収『核の傘に覆われた世界』平凡社、一九六七年
・原爆被害者相談員の会編「ヒバクシャ—ともに生きる—」第20号、二〇〇三年
・原爆被害者相談員の会編『被爆者とともに』中国新聞社、一九九五年
・田川時彦『原爆と人間』高文研、二〇〇三年

・田城明『知られざるヒバクシャ—劣化ウラン弾の実態』大学教育出版、二〇〇三年
・田城明『現地ルポ核超大国を歩くアメリカ、ロシア、旧ソ連』岩波書店、二〇〇三年
・田淵昭、平位剛、真田光明、中川繁、佐藤秀生「胎内被曝児の障害について」、『広島産婦人科医会会誌』第4巻第2号、日本産婦人科学会広島地方部会、一九六五年
・中国新聞社編『検証ヒロシマ1945—1995』中国新聞社、一九九五年
・中国新聞社編『証言は消えない』未来社、一九六六年
・中国新聞社編『炎の日から20年』未来社、一九六六年
・土門拳『生きているヒロシマ』築地書館、一九七八年
・日本原水爆被害者団体協議会『日本被団協「原爆被害者調査」第一次報告』『同、解説版』一九八六年
・日本原水爆被害者団体協議会『被爆者は原爆を「受忍」しない』一九八七年
・日本原水爆被害者団体協議会『日本被団協「原爆被害者調査」第二次報告』一九八八年
・日本原水爆被害者団体協議会『原爆被害者の基本要求』
・日本原水爆被害者団体協議会調査委員会『被爆50年日本被団協原爆被害者調査第一次報告書』一九九七年
・畠中国三「続・片隅の記録」一九八一年〜一九九五年
・春名幹男『ヒバクシャ・イン・USA』岩波新書、一九八五年
・肥田舜太郎『ヒロシマを生きのびて』あけび書房、二〇〇四年
・広島市・長崎市原爆災害誌編集委員会編『広島・長崎の原爆災害』岩波書店、一九七九年

・広島市社会局原爆被害対策本部『原爆被爆者対策事業概要』二〇〇四年
・福島菊次郎『写らなかった戦後　広島の嘘』現代人文社、二〇〇三年
・文沢隆一『ヒロシマの歩んだ道』風媒社、一九九六年
・放射線被曝者医療国際協力推進協議会編『原爆放射線の人体影響』文光堂、一九九二年
・村上須賀子「危機への医療福祉的接近法」、『医療福祉学概論』川島書店、一九九九年
・村上須賀子「原爆小頭症患者の現況とソーシャルワーク」アジア太平洋社会福祉教育・専門職会議、二〇〇三年
・村上須賀子「療育手帳は仏壇の中に」、原爆被害者相談員の会「ヒバクシャ―ともに生きる―」第7号、一九九八年
・山代巴編『この世界の片隅で』岩波新書、一九六五年
・山代巴『民話を生む人々』岩波書店、一九五八年
・G・プルーマー「広島市における胎内被爆児童に発現した異常」、『ABCC業績報告書』原爆傷害調査委員会、一九五九年
・ジェームス・N・ヤマザキ、ルイス・B・フレミング共著、青木克憲、青木久男訳『原爆の子どもたち』ブレーン出版、一九九六年
・ロバート・J・リットン著　桝井迪夫、湯浅信之、蔵智道雄、松田誠思共訳『死の内の生命　ヒロシマの生存者』朝日新聞社、一九七二年

＊参考視聴資料

・「聞こえるよ母さんの声が……原爆の子・百合子」〈ドキュメント'79〉構成：磯野恭子、制作著作：山口放送、一九七九年三月二日放映
・「原爆の子百合子50歳」〈ドキュメント'96〉プロデューサー：磯野恭子、ディレクター：城菊子、制作著作：山口放送、一九九六年八月十一日放映
・「ひとりぼっち　原爆小頭症信子」構成：松永英美、プロデューサー：藤田一成、ディレクター：平尾直政、制作著作：中国放送、一九九七年三月二日放映
・「小さな島の片隅で　原爆小頭症信子」プロデューサー：徳光国弘、ディレクター：平尾直政、制作著作：中国放送、二〇〇二年八月放映
・「きのこ雲の下に生まれて」ディレクター：平尾直政、制作著作：中国放送ラジオ、二〇〇四年八月六日
・「世界は恐怖する」亀井文夫監督、日本ドキュメントフィルム社、一九五七年
・「ヒロシマ・ナガサキ―核戦争のもたらすもの―」岩波映画、一九八二年

広島と結ばれるきっかけとなった「父と暮せば」の舞台

こまつ座五十二回公演　沖恂一郎さんと
撮影　谷古宇正彦

斉藤　とも子　プロフィール

一九六一年、神戸市生まれ。

一九七三年、小学六年のとき、母親をがんでなくす。

同じような境遇を描いた日本テレビ系のドラマ「微笑」に励まされ、中学二年でタレント養成所に入る。

一九七六年、NHK少年ドラマ「明日への追跡」でデビュー。その後、学園ドラマ、映画、NHK教育「若い広場」のマイブックコーナーで、作家から人生で出会った四冊の本についての話をきく仕事などをする。

一九七八年、都立代々木高校を二年で中退。

一九九五年阪神淡路大震災直後、フジテレビのドキュメンタリー「タイランド・陽光の子供たち」で、タイのスラムで生活する人びとや山岳民族を訪ねる。これが転機となり、大検を受けて独学で大学をめざす。

一九九九年、東洋大学社会学部社会福祉学科に合格。この年から三年間、「父と暮せば」（井上ひさし作、こまつ座）の被爆した娘・美津江を演じる。二〇〇一年ロシア公演。

二〇〇三年、社会福祉士取得。東洋大学大学院に進み、原爆小頭症の親子の会「きのこ会」に出会う。

二〇〇五年、東洋大学大学院修士課程修了。論文のテーマは「きのこ雲の下から明日へ――原爆小頭症患者の親子の会『きのこ会』の歩みと家族の生活史――」

きのこ雲の下から、明日へ
2005年8月15日　初版第1刷　発行
著　者　斉藤とも子
発行者　ゆいぽおと
〒461-0001
名古屋市東区泉一丁目15-23
電話　052-955-8046
ファックス　052-955-8047
発売元　KTC中央出版
〒107-0062
東京都港区南青山6-1-6-201
印刷・製本　モリモト印刷株式会社
内容に関するお問い合わせ、ご注文などは、
すべて右記ゆいぽおとまでお願いします。
乱丁、落丁本はお取り替えいたします。

ISBN4-87758-401-3 C0095

ゆいぽおとでは、
ふつうの人が暮らしのなかで、
少し立ち止まって考えてみたくなることを大切にします。
テーマとなるのは、たとえば、いのち、自然、こども、歴史など。
長く読み継いでいってほしいこと、
いま残さなければ時代の谷間に消えていってしまうことを、
本というかたちをとおして読者に伝えていきます。